DES DEVOIRS

DES

HOMMES.

Discours à un jeune homme,

PAR SILVIO PELLICO,

De Saluces;

TRADUIT DE L'ITALIEN

PAR G. D........

Deuxième édition,

REVUE ET AUGMENTÉE DE NOUVELLES NOTES.

Justitia perpetua est, et immortalis.
(*Lib. sap.*, cap. 1, v. 15.)

BIBLIOTHÈQUE INSTRUCTIVE ET AMUSANTE.

PARIS,

GAUME FRÈRES, LIBRAIRES,

RUE DU POT-DE-FER, N° 5.

1834

DES DEVOIRS

DES HOMMES.

Gaume frères

Se trouve aussi à **Paris**,

CHEZ A. JEANTHON, LIBRAIRE,

Place Saint-André-des-Arts, nº 11;

A VALENCE,

CHEZ JAMONET, LIBRAIRE.

PARIS, IMPRIMERIE DE DECOURCHANT,
Rue d'Erfurth, nº 1, près de l'Abbaye.

Avis des Éditeurs

CETTE DEUXIÈME ÉDITION.

———◆———

Le petit livre *des Devoirs*, de Silvio Pellico, quoiqu'il n'offre pas l'intérêt historique de ses *Mémoires*, a cependant obtenu du public la même faveur. Malgré plusieurs traductions rivales, celle que nous avons publiée les premiers s'est écoulée en peu de mois. C'est que, dans cet opuscule plein d'utiles conseils, tout est le fruit de la vertu et d'un véritable amour de l'humanité ; tout y respire et le goût le plus exquis et la morale la plus pure. Cette nouvelle édition, nous l'espérons, recevra le même accueil. Le traducteur y a fait d'importantes améliorations; il en a fait disparaître quelques irrégularités échappées à la rapidité de la première impression. Il l'a enrichie de nouvelles notes qui, en développant le texte de Pellico, lui donnent l'intérêt de l'actualité. Le livre *des Devoirs*, ainsi amélioré, ne tiendra pas le dernier rang parmi les nombreux ouvrages que nous publions depuis quelques années pour la défense des bons principes et de la religion.

TABLE DES CHAPITRES.

———❧⟨◦◦◦⟩❧———

AVANT-PROPOS.

Les *Mémoires* de Silvio Pellico ont été généralement goûtés. Lorsque plusieurs traductions les eurent fait connaître à presque tout ce qui lit en France, il y eut un moment d'enthousiasme tel, qu'on aurait porté en triomphe le prisonnier du Spielberg. C'est que les *Mémoires* répondaient à des sympathies générales, et remuaient jusqu'au fond les entrailles de tout homme sensible. Les *Mémoires* étaient aussi en harmonie avec l'état des esprits. Ils présentaient l'histoire morale d'un homme à qui les illusions de la jeunesse, les préoccupations de la littérature, puis celles de la politique,

avaient fait oublier quelque temps
que l'homme n'est pas sur la terre
uniquement pour la terre, que le peu
de temps qu'il y passe n'est pas sa vie
entière, qu'un siècle au plus le sépare de
l'éternité. Sous ce ciel ravissant d'Italie,
au milieu de ce luxe de lumière et de
vie, au milieu des jouissances intellectuelles qu'il trouve réunies à Milan,
les formes passagères du beau, destinées seulement à embellir notre exil,
et à nous donner une légère idée des
merveilles de notre patrie, saisissent
vivement l'imagination ardente de Pellico, absorbent ses facultés, et ce reflet
de la Divinité, que nous appelons la
nature, lui cache un instant la Divinité
elle-même. Mais son esprit est ébloui,
il n'est pas faussé ; son cœur est séduit,
il n'est pas corrompu. Au fond elle est
belle, cette âme ; à ce titre elle appartient à Dieu, type et source de toute
perfection. Elle appartient à Dieu ; elle
lui reviendra..... elle lui est revenue.

Dans les fers, Pellico rentre en lui-

même : il recueille ses idées ; il concentre toutes les forces de son esprit
sur le problème de la destinée humaine. Il ouvre la Bible, et il y trouve
lumière et consolation ; il prie, et dans
la prière il trouve la foi et la vertu.
Il s'accomplit à son égard, cet oracle
divin : « La lumière se lève au milieu
des ténèbres sur ceux qui ont le cœur
droit : » *Exortum est in tenebris lumen
rectis*. (Ps. 111.)

Les *Mémoires* sont proprement l'histoire de la conversion de Pellico. Son
cœur commence à s'émouvoir dans la
prison de Sainte-Marguerite ; sous les
plombs de Venise, il revient à la religion ; dans les cachots du Spielberg, toutes les vertus se développent dans l'âme
de Silvio, et se réalisent dans sa vie
extérieure. Il sort du Spielberg, mar-
chant à la perfection.

A l'apostolat de l'exemple, il joint
aujourd'hui celui de la parole. Il s'a-
dresse à un jeune homme, à une âme
pure, simple, candide, recherchant la

vraie grandeur, la grandeur morale, et
résolu à faire de la vie humaine le plus
noble usage. Malgré ses bons sentimens, ce jeune homme n'est pas à l'a-
bri des orages : Pellico lui fait connaître le monde où il va entrer ; il dirige
ses premiers pas dans cette nouvelle
carrière ; il lui en signale les écueils ;
il lui donne les conseils de l'expérience
relativement aux diverses circonstances où il doit se trouver : il lui apprend
à vivre et à mourir avec dignité.

.Cet opuscule, sans doute, pique
moins la curiosité que les *Mémoires ;*
mais comme offrant le développement
de la partie morale du premier ouvrage, il doit singulièrement intéresser
les lecteurs qui ne lisent pas seulement
pour repaître une vaine curiosité, mais
surtout pour s'améliorer sous les rapports intellectuels et moraux.

Sorti de la même âme, le discours
sur les devoirs présente le même ton
que les *Mémoires.* C'est la même manière d'envisager les objets, la même

manière de les peindre. Pellico n'est pas un apologiste.; il ne veut point déduire les innombrables et irréfragables preuves de la religion. Aussi quelques esprits froids n'ont pas trouvé dans les *Mémoires* ce qui leur convenait : l'ouvrage n'était pas fait pour eux. Ils ne goûteront probablement pas davantage le *Discours sur les devoirs*. Ici encore, sans exclure la sévère raison, Pellico s'adresse spécialement au *sens moral*, à cette intelligence du cœur, qui a dans l'âme son domaine particulier, qui nous fait connaître mille choses qui échappent à l'analyse et à la pointe du raisonnement, qui, en un mot, nous met en communication avec tout un monde, auquel restent étrangers ceux en qui cette faculté n'est pas développée. On convient que pour sentir tous les charmes de l'harmonie, il faut avoir l'organe musical : de même, pour connaître le monde moral, et en saisir les rapports, il faut être doué du *sens moral*. Cette

faculté lui correspond, comme l'intelligence au monde intellectuel, et c'est
la réunion de ces facultés harmonique-
ment développées, qui fait la perfection
de l'âme.

C'est donc à cette faculté morale
que s'adresse spécialement Pellico, et
nous pouvons dire que, sans être complet, parce qu'il ne veut pas l'être, et
que d'ailleurs la vérité est immense,
il la satisfait pleinement dans cet opuscule.

Préface de l'Auteur.

———

Ce discours avait une destination particulière ; mais l'espoir qu'il pourra être utile à la jeunesse en général, me détermine à le publier.

Ce n'est pas ici un traité scientifique ; ce ne sont pas des recherches abstruses sur les devoirs. L'obligation où nous sommes d'être honnêtes et religieux n'a pas besoin d'être prouvée par d'ingénieux argumens. Celui qui n'en trouve pas les preuves dans sa conscience ne les trouvera jamais dans un livre. Mon intention est simplement d'énumérer les devoirs que l'homme rencontre dans sa vie; de l'inviter à s'en occuper sérieusement, et à les remplir avec une généreuse constance.

Je me suis proposé d'éviter toute pompe de pensées et de style. Le sujet m'a paru exiger la plus grande simplicité.

Jeunesse de ma patrie, je vous offre ce petit ouvrage avec le vif désir qu'il vous stimule à la vertu, et contribue à votre bonheur.

DES DEVOIRS

DES

HOMMES.

𝔇iscours à un jeune homme.

CHAPITRE Ier.

Nécessité et prix du devoir.

L'homme ne peut se soustraire à l'i-
dée du devoir : il lui est impossible de
ne pas sentir l'importance de cette idée.
Le devoir est invinciblement attaché à
notre être. Notre conscience nous en
avertit aussitôt que nous commençons
à faire l'usage de la raison ; elle nous
en avertit avec plus de force, à mesure

que la raison croît en nous : et plus
elle se développe, plus aussi le sentiment du devoir se développe dans notre âme. Tout ce qui est *hors de nous*
nous en avertit également, parce que
tout est régi par une loi harmonique
et éternelle. Tous les êtres ont une
destination commune : celle d'exprimer la sagesse et d'accomplir la volonté de cet Être, qui est le principe et
la fin de toute chose.

L'homme a également une nature
spéciale et sa destination. Il faut qu'il
soit ce qu'il doit être, sous peine de
n'être pas estimé de ses semblables, de
ne pouvoir s'estimer lui-même, sous
peine d'être malheureux. Sa nature est
d'aspirer à la félicité, de comprendre et
d'éprouver que, pour y arriver, il doit
être bon, c'est-à-dire, être ce que réclame
son bien véritable, conformément au
système de l'univers, aux vues de
Dieu.

Si, dans l'effervescence de la passion,
nous sommes tentés de regarder comme

notre bien ce qui est opposé au bien des autres, opposé à l'ordre, nous ne pouvons cependant nous le persuader; la conscience nous crie: non. Et, dès que la passion s'est calmée, tout ce qui est contraire au bien commun, à l'ordre, nous fait toujours horreur.

L'accomplissement du devoir est si nécessaire à notre bonheur, que les douleurs même, et la mort, qui semblent être nos maux les plus immédiats, se changent en volupté pour l'homme généreux, qui souffre et meurt, dans le but d'être utile au prochain, ou de se conformer aux desseins adorables du Tout-Puissant.

Etre ce qu'il doit être : c'est donc là, en même temps, la définition du *devoir*, et celle du *bonheur* de l'homme. La religion exprime d'une manière sublime cette vérité, en disant qu'il est fait *à l'image de Dieu*. Son devoir et son bonheur consistent donc à être cette image, à ne pas vouloir être autre chose, à vouloir être bon, parce que

Dieu est bon, et qu'il lui a assigné la haute destination de s'élever à toutes les vertus, et d'arriver jusqu'à ne *faire qu'un avec lui* (1).

CHAPITRE II.

Amour de la vérité.

Le premier de nos devoirs, c'est l'amour de la vérité et la foi en elle.

La vérité, c'est Dieu. Aimer Dieu et aimer la vérité, c'est une seule et même chose.

O mon ami, affermissez votre âme, et disposez-la à vouloir fortement la vérité, et à ne pas se laisser éblouir par l'éloquence mensongère de ces sombres et furieux sophistes, qui s'efforcent de jeter sur toute chose des doutes décourageans (2).

La raison devient inutile, et même

funeste, lorsqu'elle se prend à combattre la vérité, à la décréditer, à soutenir d'ignobles hypothèses ; lorsque, tirant des conséquences désespérées des maux dont la vie est semée, elle nie que la vie soit un bien (3) ; lorsque comptant quelques désordres apparens dans l'univers, elle ne veut pas y reconnaître un ordre général ; lorsque, frappée de la *palpabilité* et de la mort des corps, elle se refuse à croire à un *moi* tout spirituel et inaccessible à la mort ; lorsqu'elle appelle un songe, la distinction du vice et de la vertu ; lorsqu'elle ne veut voir dans l'homme qu'un pur animal, et rien de divin (4).

Si l'homme et la nature étaient des choses si exécrables et si viles, pourquoi perdre le temps à philosopher ? Il faudrait se donner la mort : la raison ne pourrait donner un autre conseil.

Puisque la conscience nous ordonne à tous de vivre (l'exception que présentent quelques intelligences faibles est insignifiante); puisque nous vivons pour aspirer au bien ; puisque nous sentons que le bien de l'homme consiste, non à s'avilir et à se confondre avec les vers de la terre, mais à s'ennoblir et à s'élever jusqu'à Dieu; il est manifeste que le seul bon usage de la raison, c'est celui qui donne à l'homme une haute idée de la dignité à laquelle il peut parvenir, et qui le presse d'y atteindre.

Cela reconnu, bannissons fermement le scepticisme, le cynisme, et toutes les philosophies dégradantes; prenons l'invariable résolution de croire au vrai, au beau, au bien. Pour croire, il faut vouloir croire, il faut aimer fortement la vérité (5).

Il n'y a que cet amour qui puisse donner de l'énergie à l'âme ; se complaire à languir dans le doute, c'est en énerver toutes les facultés.

A la foi en tous les bons principes, joignez la résolution d'être toujours vous-même l'expression vivante de la vérité dans toutes vos paroles, dans toutes vos actions.

La conscience de l'homme ne trouve le repos que dans la vérité. Celui qui ment, quand il ne serait point découvert, trouve son châtiment en lui-même : il sent qu'il trahit un devoir et qu'il se dégrade.

Pour ne pas contracter la vile habitude de mentir, il n'est pas d'autre moyen que de prendre le parti de ne mentir jamais. Si l'on se permet une seule exception, il n'y aura pas de raison pour ne pas s'en permettre deux, puis cinquante, puis des milliers. C'est ainsi que, peu à peu, se forme, dans tant de personnes, un violent penchant à feindre, à exagérer, et même à calomnier.

C'est dans les temps corrompus que le mensonge est le plus commun. Alors la défiance devient générale, et se glisse même dans les familles, entre le père et le fils ; alors on voit se multiplier sans mesure les protestations, les sermens et les perfidies; alors, au milieu de la diversité des opinions politiques, religieuses, et seulement même littéraires, il se forme dans les esprits une disposition continuelle à supposer des faits et des intentions défavorables au parti contraire; alors s'établit la persuasion que tous les moyens sont permis pour rabaisser ses adversaires; alors se répand la manie de chercher des témoignages contre autrui, et, lorsqu'on en trouve, la fureur de les soutenir, de les faire valoir, de feindre qu'on les croit imposans, malgré leur frivolité et leur fausseté manifestes. Ceux qui n'ont pas la simplicité du cœur voient toujours de la duplicité dans le cœur des autres. Tout ce que dit une personne qui ne leur plaît pas, c'est, selon eux, à mauvaise fin; si elle prie ou fait l'aumône, ils remercient le ciel de n'être pas, comme elle, de vils hypocrites.

Pour vous, quoique né dans un siècle où le mensonge et une excessive

défiance sont choses si communes,
conservez-vous également pur de ces
vices ; soyez généreusement disposé à
croire à la véracité d'autrui, et, si l'on
ne croit pas à la vôtre, à ne pas vous
en fâcher. Il doit vous suffire qu'elle
brille *aux yeux de celui qui voit tout.*

CHAPITRE III.

Religion.

Puisqu'il est incontestable que l'homme est au-dessus de la brute, et qu'il
porte en lui quelque chose de divin,
nous devons avoir la plus haute estime
pour tous les sentimens qui peuvent
l'ennoblir ; et, comme il est évident
qu'aucun sentiment ne l'ennoblit autant que d'aspirer, malgré ses misères,

à la perfection, à la félicité, à Dieu,
nous sommes forcés de reconnaître
l'excellence de la religion, et de nous
en occuper d'une manière toute spéciale. Ne vous effrayez ni du nombre
des hypocrites, ni des moqueries de
ceux qui auront l'impudence de vous
traiter vous-même d'hypocrite, parce
que vous serez religieux. Sans force
d'âme, on ne possède aucune vertu,
on ne remplit aucun grand devoir ;
même pour être pieux, il faut n'être
pas pusillanime.

Effrayez-vous moins encore d'être
associé, comme chrétien, à beaucoup
d'esprits vulgaires, peu capables de
comprendre toute la sublimité de la
religion. De ce que le peuple lui-
même peut et doit être religieux, il ne
s'ensuit point que la religion soit une
chose vulgaire. L'ignorant est aussi
obligé à l'honnêteté ; l'homme instruit
rougira-t-il pour cela d'être honnête(6)?

Vos études et votre raison vous ont
amené à connaître qu'il n'est pas de

religion plus pure que le christianisme,
qu'il n'en est pas qui soit plus exempte
d'erreurs, plus éclatante de sainteté ;
qu'aucune ne porte plus visiblement
le caractère de la Divinité. Il n'est pas
de religion qui ait autant contribué
aux progrès et à l'extension de la civilisation, à l'abolition ou à l'adoucisse-
ment de l'esclavage, et à faire sentir à
tous les hommes leur fraternité devant
Dieu, leur fraternité avec Dieu lui-
même (7).

Réfléchissez à tout cela, et en particulier à la solidité des preuves historiques de la religion : elles sont de
nature à ne redouter aucun examen
désintéressé (8).

Et, pour ne pas vous laisser éblouir
par les sophismes dirigés contre la solidité de ces preuves, joignez à cet
examen le souvenir du grand nombre
d'hommes supérieurs qui les ont re-
connues irréfragables, depuis quelques-
uns des forts penseurs de notre temps,
jusqu'à Dante, jusqu'à saint Thomas,

à saint Augustin, jusqu'aux premiers Pères de l'Église.

Vous trouverez dans toutes les nations des noms illustres qu'aucun incrédule n'oserait mépriser.

Le célèbre Bacon, si vanté dans l'école empirique (9), bien loin d'être incrédule, comme ses plus chauds panégyristes, professa toujours hautement le christianisme. Quoiqu'il ait erré en quelques points, Grotius était chrétien d'esprit et de cœur, et il écrivit un *Traité de la vérité de la religion*. Leibnitz fut un des plus ardens défenseurs du christianisme. Newton ne crut pas s'humilier en composant un traité *sur l'harmonie des Evangiles*. Locke écrivit un livre *sur le christianisme raisonnable*. Notre Volta était un grand physicien; il avait de vastes connaissances ; et il fut toute sa vie un très-vertueux catholique. De tels esprits, et tant d'autres, doivent avoir un certain poids pour attester que le christianisme est en parfait accord avec la raison, c'est-à-dire, āvec cette raison qui n'est pas rétrécie, et bornée à une seule direction, mais qui embrasse un vaste cercle de recherches et de connaissances, et n'est pas pervertie par la passion de la raillerie et de l'irréligion.

CHAPITRE IV.

Quelques citations.

Parmi les hommes renommés dans le monde, on en compte quelques-uns qui furent irréligieux, et un grand nombre qui, sans porter le désordre jusque là, tombèrent dans beaucoup d'erreurs et d'inconséquences sous le rapport de la foi. Mais que s'ensuit-il? Soit contre le christianisme en général, soit contre le catholicisme, on ne trouve chez eux que des assertions et aucune preuve, et les principaux d'entre eux n'ont pu s'empêcher, dans l'un ou dans l'autre de leurs ouvrages, de reconnaître la sagesse de cette religion qu'ils haïssaient, ou qu'ils suivaient si mal.

Les citations suivantes, quoiqu'elles n'aient plus le mérite de la nouveauté, ne perdent cependant rien de leur importance, et il n'est pas inutile de les répéter.

J.-J. Rousseau écrivit dans son *Emile* ces mémorables paroles : « J'avoue que » la majesté des Écritures m'étonne ; » la sainteté de l'Évangile parle à mon » cœur. Voyez les livres des philoso- » phes avec toute leur pompe ; qu'ils » sont petits près de celui-là ! Se peut-il » qu'un livre à la fois si sublime et si » simple soit l'ouvrage des hommes ! » Se peut-il que celui dont il fait l'his- » toire ne soit qu'un homme lui- » même !... Les faits de Socrate, dont » personne ne doute, sont moins attes- » tés que ceux de Jésus-Christ. Au » fond, c'est reculer la difficulté sans

» là détruire : il serait plus incompré-
» hensible que plusieurs hommes d'ac-
» cord eussent fabriqué ce livre, qu'il
» ne l'est qu'un seul en ait fourni le
» sujet... Et l'Evangile a des caractères
» de vérité si grands, si frappans, si
» parfaitement inimitables, que l'in-
» venteur en serait plus étonnant que
» le héros. »

Le même Rousseau dit encore :

« Fuyez ceux qui, sous prétexte
» d'expliquer la nature, sèment dans
» les cœurs des hommes de désolantes
» doctrines.... Renversant, détruisant,
» foulant aux pieds tout ce que les
» hommes respectent, ils ôtent aux
» affligés la dernière consolation de
» leur misère, aux puissans et aux
» riches le seul frein de leurs passions ;
» ils arrachent du fond des cœurs le
» remords du crime, l'espoir de la
» vertu, et se vantent encore d'être les
» bienfaiteurs du genre humain. Ja-
» mais, disent-ils, la vérité n'est nui-
« sible aux hommes. Je le crois comme

» eux ; et c'est, à mon avis, une preuve
» que ce qu'ils enseignent n'est pas la
» vérité. »

Montesquieu, quoiqu'il ne soit pas
irréprochable en fait de religion, s'indigne néanmoins contre ceux qui at-
tribuent au christianisme des crimes
qui lui sont complètement étrangers.
« Bayle, dit-il, après avoir insulté tou-
» tes les religions, flétrit la religion
» chrétienne. Il ose avancer que de vé-
» ritables chrétiens ne formeraient pas
» un État qui pût subsister. — Pour-
» quoi non ? Ce seraient des citoyens
» infiniment éclairés sur leurs devoirs,
» et qui auraient un très-grand zèle
» pour les remplir. Ils sentiraient très-
» bien le droit de la défense naturelle ;
» plus ils croiraient devoir à la religion,
» plus ils penseraient devoir à la pa-
» trie... Chose admirable ! La religion
» chrétienne, qui ne semble avoir d'ob-
» jet que la félicité de l'autre vie, fait
» encore notre bonheur dans celle-ci. »
(*Esprit des lois,* liv. XXIV, ch. 3 et 6.)

Et ailleurs :

« C'est mal raisonner contre la reli-
» gion, de rassembler dans un grand
» ouvrage une longue énumération des
» maux qu'elle a produits, si l'on ne
» fait de même celle des biens qu'elle
» a faits. Si je voulais raconter tous
» les maux qu'ont produits dans le
» monde les lois civiles, la monarchie,
» le gouvernement républicain, je di-
» rais des choses effroyables... Que
» l'on se mette devant les yeux les
» massacres continuels des rois et des
» chefs grecs et romains, et de l'autre
» la destruction des peuples et des
» villes par ces mêmes chefs; Thimur
» et Gengiskan, qui ont dévasté l'Asie :
» et nous verrons que nous devons au
» christianisme, et dans le gouverne-
» ment un certain droit politique, et
» dans la guerre un certain droit des
» gens, que la nature humaine ne sau-
» rait assez reconnaître. » (*Ibid.* ch. 2
et 3.) (10)

Le grand Byron, ce génie prodi-

gieux, qui prit la funeste habitude
d'idolâtrer tantôt le vice, tantôt la
vertu, tantôt la vérité, tantôt l'erreur,
et qui néanmoins était tourmenté
d'une vive soif de la vertu et de la
vérité, le grand Byron donna une
preuve de la vénération qu'il était
forcé d'avoir pour la religion catholique. Il voulut que sa fille fût élevée
dans les principes de cette religion ; et
il dit dans une de ses lettres, que ce
qui l'a décidé à prendre ce parti, c'est
que, dans aucune Eglise, il ne voit
un aussi grand éclat de vérité que dans
l'Eglise catholique.

L'ami de Byron, et le poète le plus
distingué qui soit resté en Angleterre
après lui, Thomas Moore, après avoir
demeuré longues années dans le doute
sur le choix d'une religion, fit une
étude approfondie du christianisme,
et reconnut qu'il n'y avait pas moyen
d'être chrétien et bon logicien, sans
être catholique. Il a écrit les recherches
qu'il a faites, et consigné dans son

livre l'irrésistible conclusion à laquelle il fut forcément amené.

« Salut! s'écrie-t-il, salut, Eglise,
» une et véritable! O vous, qui êtes
» l'unique voie de la vie, et dont les
» tabernacles seuls ne connaissent pas
» la confusion des langues, que mon
» âme se repose à l'ombre de vos saints
» mystères ; loin de moi également et
» l'impiété qui insulte à leur obscurité,
» et la foi imprudente qui voudrait en
» sonder l'abîme. J'adresse à l'une et
» à l'autre le langage de saint Augustin :
» Raisonnez, moi j'admire ; discutez,
» moi je croirai ; je vois la sublimité,
» quoique je ne puisse pénétrer la pro-
» fondeur [1]. » (11)

[1] Voir *Voyage d'un gentilhomme irlandais à la recherche d'une religion,* avec des notes et des éclaircissemens par Thomas Moore; traduit de l'anglais par l'abbé D.... A Paris, chez Gaume frères, libraires, rue du Pot-de-Fer, n° 5.

CHAPITRE V.

Résolution définitive.

Les considérations précédentes, que je n'ai pu qu'indiquer, et les preuves infinies qui existent en faveur du christianisme et de l'Eglise catholique, doivent vous inspirer cette résolution, et vous faire prononcer délibérément ces paroles : «Je veux être insensible à tous les argumens spécieux, mais nullement concluans, par lesquels ma religion est attaquée. Je vois qu'il n'est point vrai qu'elle s'oppose aux lumières; je vois qu'il n'est point vrai que, bonne pour les siècles grossiers, elle ne l'est plus pour le nôtre, puisque, après avoir été appropriée à la civilisation asiatique, à la civilisation grecque, à la civilisation

romaine aux Etats très-variés du moyen
âge, elle le fut à tous les peuples qui,
après ce période, revinrent à la civilisation, et qu'elle convient même aujourd'hui à des esprits qui ne le cèdent
en élévation à personne. Je vois que,
depuis les premiers hérésiarques jusqu'à l'école de Voltaire, et encore jusqu'aux Saint-Simoniens de nos jours,
tous se vantèrent d'enseigner quelque
chose de meilleur, et qu'aucun ne le
put jamais (12). Qu'en dois-je con-
clure?..... C'est que, puisque je me
fais gloire d'être ennemi de la barbarie
et ami des lumières, je dois aussi me
faire gloire d'être catholique, et plaindre ceux qui se moquent de moi, qui
affectent de me confondre avec les su-
perstitieux et les pharisiens. »

Après ces réflexions et cette protes-
tation, soyez ferme et inébranlable.
Honorez la religion de tout votre
pouvoir, de toutes vos facultés intellectuelles et morales, et professez-la
devant ceux qui ne croient pas, comme

devant ceux qui croient; mais professez-la, non en accomplissant froidement et matériellement les pratiques du culte, mais en animant ces exercices par des pensées élevées; en contemplant la sublimité des mystères, sans avoir l'arrogance de les expliquer; en vous pénétrant des vertus qui en découlent, et en n'oubliant jamais que l'adoration de la prière n'est d'aucun mérite, si nous ne sommes aussi résolus d'adorer Dieu dans toutes nos œuvres.

Il est des hommes aux yeux de qui la beauté et la vérité de la religion catholique brillent de tout leur éclat. Ils comprennent parfaitement qu'aucun système ne peut être plus philosophique que cette religion, plus ennemi qu'elle de toute injustice, plus ami qu'elle de tous les intérêts de l'homme. Et ces hommes néanmoins suivent le funeste courant, vivent comme si le christianisme n'était que l'affaire du peuple, et que l'homme qui est au-dessus du commun ne dût y prendre aucune part.

Ils sont plus coupables que les vrais incrédules, et beaucoup se trouvent dans ce cas.

Moi, qui fus de ce nombre, je sais que, sans effort, on ne peut sortir de cet état. Si jamais vous avez le malheur d'y tomber, faites-le, cet effort. Les railleries ne doivent avoir aucune influence sur vous, lorsqu'il s'agit de professer un sentiment honorable. Or, de tous les sentimens, le plus honorable est sans doute celui de l'amour de Dieu.

Mais dans le cas où vous auriez à passer des fausses doctrines, ou de l'indifférence, à la sincère profession de la foi, ne donnez pas aux incrédules le scandaleux spectacle d'une bigoterie ridicule, ou de scrupules pusillanimes : soyez humble devant Dieu et devant vos semblables, sans jamais oublier votre dignité d'homme, et sans être apostat de la saine raison. Il n'est que

la raison infectée d'orgueil et de haine,
qui soit contraire à l'Evangile (13).

CHAPITRE VI.

Philanthropie ou charité.

C'est la religion, et la religion seule,
qui fait sentir à l'homme le devoir
d'une pure philanthropie, d'une vraie
charité.

Charité ! elle est étonnante cette parole; mais celle de *philanthropie* est aussi
une parole sacrée. Les abus qu'en ont
faits les sophistes ne sauraient la flétrir.
L'Apôtre s'en est servi pour désigner
l'amour de l'humanité en général, et
il l'a encore appliquée à l'amour de
l'humanité qui est en Dieu même.
On lit dans l'épître à Titus, c. III : Οτε
δέ ἡ χρηστότης καὶ ἡ φιλανθρωπία ἐπεφάνη

τοῦ Σωτῆρος ἡμῶν Θεοῦ... (Quand parut la bonté et la philanthropie du Sauveur notre Dieu...).

Le Tout-Puissant aime les hommes, et veut que chacun de nous les aime. Il ne nous est donné, comme nous l'avons déjà dit, d'être bons, d'être contens de nous, de nous estimer, qu'à la condition de l'imiter lui-même dans ce généreux amour, en souhaitant toute vertu et toute félicité à notre prochain, et en lui faisant du bien, lorsque nous le pouvons.

Cet amour renferme presque tout le mérite de l'homme : il est même une partie essentielle de l'amour que nous devons à Dieu, comme le montrent quelques sublimes passages des livres saints, et spécialement le suivant : « Le roi dira à ceux qui seront » à sa droite : Venez, les bénis de mon » Père ; possédez le royaume qui vous » a été préparé dès le commencement » du monde. Car j'ai eu faim, et vous » m'avez donné à manger ; j'ai eu soif,

» et vous m'avez donné à boire; j'é-
» tais étranger, et vous m'avez re-
» cueilli; j'ai été nu, et vous m'avez
» revêtu; j'ai été malade, et vous m'a-
» vez visité; j'ai été en prison, et vous
» êtes venus me voir. » Alors les justes
lui répondront : « Seigneur, quand
» est-ce que nous vous avons vu avoir
» faim, et que nous vous avons donné
» à manger? ou avoir soif, et que nous
» vous avons donné à boire? Quand
» est-ce que nous vous avons vu étran-
» ger, et que nous vous avons recueilli?
» ou sans habits, et que nous vous
» avons revêtu? Et quand est-ce que
» nous vous avons vu malade ou en
» prison, et que nous sommes venus
» vous visiter? » Et le roi leur répon-
dra : « Je vous le dis en vérité, autant
» de fois que vous l'avez fait à un des
» moindres de mes frères que voici,
» c'est à moi-même que vous l'avez
» fait. » (Matt. c. xxv.)

Faisons-nous de l'homme un type
élevé, et travaillons à nous y confor-

mer. Mais, que dis-je ? Ce type nous
est donné par notre religion; et quelle
n'en est pas l'excellence ? Celui qu'elle
nous offre à imiter, c'est l'homme fort
et doux au suprême degré ; l'irréconciliable ennemi de l'oppression et de
l'hypocrisie ; le philanthrope qui pardonne tout, excepté la méchanceté im-
pénitente ; celui qui peut se venger et
ne le veut pas; celui qui fraternise avec
les pauvres et ne maudit pas les heureux de la terre, pourvu qu'ils se rappellent que les pauvres sont leurs frères ; celui qui n'estime pas les hommes
d'après leur degré de science. ou de
fortune, mais d'après les sentimens de
leurs cœurs, et d'après leurs actions.
Il est l'unique philosophe, en qui l'on
ne découvre aucune tache; il est la
pleine manifestation de Dieu dans un
être de notre espèce ; il est l'Homme-
Dieu (14).

Celui qui a dans l'esprit un si grand
modèle, avec quel profond respect ne
considérera-t-il pas l'humanité ! L'a-

mour est toujours proportionné à l'estime. Pour beaucoup aimer l'humanité, il faut l'estimer beaucoup.

Celui, au contraire, qui ne se forme de l'homme qu'un type mesquin, ignoble, vague ; celui qui se complaît à regarder le genre humain comme un troupeau de bêtes rusées et stupides, nées uniquement pour manger, se reproduire, s'agiter un instant et retourner en poussière ; celui qui ne veut rien voir de grand dans la civilisation, dans les sciences, dans les arts, dans la recherche de la justice, dans notre naturel et perpétuel élan vers tout ce qui est beau, tout ce qui est bon, tout ce qui est divin : quelle raison, dites-moi, cet homme aura-t-il de respecter sincèrement son semblable, de l'aimer, de l'entraîner avec lui dans la carrière de la vertu, de s'immoler pour lui être utile ?

Pour aimer l'humanité, il faut savoir envisager, sans se scandaliser, ses faiblesses et ses vices.

Lorsque nous la voyons ignorante, pensons que l'homme a la haute faculté de pouvoir sortir d'une si grande ignorance, en faisant usage de son intelligence. Pensons que l'homme a la haute faculté de pouvoir, même au milieu d'une profonde ignorance, pratiquer les plus sublimes vertus sociales, le courage, la compassion, la reconnaissance, la justice.

Les hommes qui ne travaillent point à s'éclairer, et qui ne s'occupent jamais de la pratique de la vertu, ne sont que des individus ; ce n'est pas là l'humanité. Seront-ils excusables ? A quel point le seront-ils ? Ce n'est connu que de Dieu seul. Qu'il nous suffise de savoir qu'il ne sera demandé compte à chacun, que de la somme qu'il aura reçue (15).

CHAPITRE VII.

Estime de l'homme.

Considérons, dans l'humanité, les hommes qui, offrant en eux-mêmes un exemple de sa grandeur morale, nous montrent ce que nous devons ambitionner de devenir. Nous ne pourrons peut-être pas atteindre à leur renommée ; mais ce n'est pas là l'important. Nous pouvons toujours les égaler sous le rapport du mérite interne de l'âme, c'est-à-dire, dans la culture des nobles sentimens, toutes les fois que nous ne sommes pas absolument bornés ; toutes les fois que notre vie intellectuelle s'étend quelque peu au-delà de l'enfance.

Lorsque nous sommes tentés de mépriser l'humanité, en voyant de nos yeux, ou en lisant dans l'histoire ses nombreuses turpitudes, fixons nos regards sur les vénérables mortels que l'on voit aussi briller dans l'histoire. Le fougueux mais généreux Byron me disait que c'était pour lui l'unique moyen d'échapper à la misanthropie. « Le premier grand homme qui me » revienne alors à l'esprit, me disait-il, » c'est toujours Moïse : Moïse qui re- » lève le peuple le plus avili ; qui le » délivre de l'opprobre de l'idolâtrie » et de l'esclavage ; qui lui dicte une » loi pleine de sagesse, lien admirable » entre la religion des patriarches et la » religion des temps civilisés, qui est » l'Évangile. Les vertus et les institu- » tions de Moïse sont le moyen dont » se sert la Providence pour faire sur- » gir, au milieu de ce peuple, de » grands hommes d'État, de grands » guerriers, de bons citoyens, de saints » et ardens défenseurs de la justice, » appelés à prophétiser la chute des

» superbes et des hypocrites, et la fu-
« ture civilisation de tous les peuples !

» En considérant ainsi quelques
» grands hommes, et surtout mon
» Moïse, ajoutait Byron, je répète
» toujours avec enthousiasme ce su-
» blime vers du Dante :

Che di vederli, in me stesso m'esalto !
« En les voyant, je m'élève en moi-même ! »

» et je reprends alors bonne opinion
» de cette chair d'Adam, et des âmes
» qu'elle renferme. »

Ces paroles du grand poète anglais
me laissèrent dans l'esprit une impression profonde, et j'avoue que, plus
d'une fois, je me suis bien trouvé de
ce moyen, lorsque l'horrible tentation
de la misanthropie venait m'assaillir.

Les grandes âmes qui furent autre-
fois, et celles qui se montrent encore
aujourd'hui, suffisent pour démentir
celui qui a de basses idées de la nature
de l'homme. Combien n'en vit-on pas
dans les temps les plus anciens, pen-

dant la durée de l'empire romain, au milieu de la barbarie du moyen âge, et dans les siècles de la civilisation moderne ! Ici paraissent les martyrs de la vérité ; là, les bienfaiteurs de l'humanité souffrante ; ailleurs, les Pères de l'Église, admirables par leur philosophie colossale, et par leur ardente charité; partout de vaillans guerriers, d'intrépides champions de la justice, des restaurateurs des sciences ; des poètes, des savans, des artistes, dont les qualités morales égalent le talent.

L'éloignement des âges, ou les magnifiques destinées de ces personnages, ne doivent point nous faire imaginer qu'ils étaient d'une espèce différente de la nôtre. Non : ils n'étaient des demi-dieux pas plus que nous. Ils étaient enfans de la femme; ils souffrirent et pleurèrent, comme nous ; ils dûrent, comme nous, lutter contre les mauvais penchans, avoir honte quelquefois d'eux-mêmes, et combattre fortement pour se vaincre.

3.

Les annales des nations, et les autres
monumens qui nous sont restés, ne
nous rappellent qu'une faible partie
des âmes sublimes qui vécurent sur
la terre, et il en est toujours des milliers qui, sans avoir aucune célébrité,
honorent, par leurs sentimens et par
leurs bonnes actions, le nom d'homme,
la fraternité qui les lie à toutes les belles âmes, la fraternité, répétons-le, qui
les unit à Dieu même.

Rappeler la grandeur morale et le
nombre des hommes de bien, ce n'est
point se faire illusion; ce n'est point
regarder seulement le beau côté de
l'humanité, et nier qu'elle renferme
une foule d'insensés et de pervers.
Les pervers et les insensés sont en
grand nombre; hélas! oui. Mais il ne
faut pas perdre de vue que l'homme
peut être admirable par son intelligence, qu'il peut se défendre de la
perversité, qu'il peut même, en tout
temps, dans tous les degrés de culture
intellectuelle, en tout état de fortune,

s'ennoblir par de hautes vertus ; que, sous tous ces rapports, il a droit à l'estime de toute créature intelligente.

En lui accordant l'estime qui lui est due ; en le voyant porté par sa nature à la perfection infinie ; en le voyant appartenir au monde immortel des intelligences plus qu'à ce monde matériel sous les lois duquel, semblable aux plantes et aux bêtes, il est courbé quelques jours ; en le voyant capable de sortir du troupeau des brutes, et de leur dire : « Je suis au-dessus de vous toutes, au-dessus de toutes les choses terrestres qui m'environnent ! » nous sentirons notre cœur palpiter pour lui d'une plus vive sympathie. Ses misères, ses erreurs elles-mêmes nous inspireront une plus grande compassion, si nous nous rappelons quel grand être c'est que l'homme. Nous nous affligerons de voir le roi des créatures se dégrader ; nous brûlerons du désir, tantôt de jeter un voile religieux sur ses fautes, tantôt de lui tendre la main pour l'aider à se relever de la fange, à remonter à la grandeur dont il est déchu ; nous serons ravis de joie, toutes les fois que nous le verrons, plein du sentiment de sa dignité, se montrer invincible au milieu des souffrances et des opprobres, triompher des plus rudes épreuves, et, de toute la glorieuse puissance de sa volonté, s'approcher de son divin modèle.

CHAPITRE VIII.

L'amour de la patrie.

Elles sont nobles, toutes les affections qui unissent les hommes entre eux, et les portent à la vertu. Le cynique, qui s'arme de tant de sophismes contre tout sentiment généreux, a coutume d'exalter la philanthropie, pour rabaisser l'amour de la patrie.

Il dit : « Ma patrie, à moi, c'est le monde ; le petit coin où je suis né n'a aucun droit à ma préférence, dès qu'il ne m'offre pas plus d'avantages que tant d'autres pays où l'on est aussi bien ou même mieux ; l'amour de la patrie n'est qu'une espèce d'égoïsme, qu'on a étendu à un groupe d'hommes, pour s'autoriser à détester le reste de l'humanité. »

Mon ami, ne soyez pas le jouet d'une aussi basse philosophie. Son caractère est de ravaler l'homme, de nier ses vertus, d'appeler illusion, sottise ou perversité, tout ce qui le grandit. Accumuler de magnifiques paroles pour déprécier toute bonne tendance, tout foyer de bien public, c'est un art facile, mais méprisable.

Le cynisme tient l'homme dans la fange : la vraie philosophie est celle qui travaille à l'en retirer ; elle est religieuse et honore l'amour de la patrie.

Sans doute nous pouvons aussi dire

du monde entier qu'il est notre patrie. Tous les peuples sont des fractions d'une vaste famille, dont l'étendue nécessite plusieurs gouvernemens, quoiqu'elle ait Dieu pour maître souverain. En regardant les créatures de notre espèce comme ne formant qu'une seule famille, notre cœur s'ouvre à la bienveillance pour l'humanité en général; mais cette vue n'en détruit pas d'autres également justes.

C'est aussi un fait que l'humanité se divise en peuples. Tout peuple est une agrégation d'hommes que la religion, les lois, les mœurs, une identité de langage, d'origine, une communauté de gloire, de plaintes, d'espérances, ou la plupart de ces élémens, sinon tous, unissent par les liens d'une particulière sympathie. Appeler une extension d'égoïsme cette sympathie, et l'accord des intérêts entre les membres d'un peuple, ce serait comme si, par une triste manie de satire, on prétendait déprimer l'amour paternel et l'a-

mour filial, les représentant comme
une conspiration entre chaque père et
ses enfans.

Rappelons-nous toujours que la vérité a plusieurs faces ; que, parmi les
sentimens vertueux, il n'en est pas
un qui ne doive être cultivé. L'un
d'eux, en devenant exclusif, peut-il
devenir nuisible ? Evitez cet excès, et
vous éloignerez le danger. L'amour de
l'humanité est bon ; mais il ne doit
pas exclure l'amour du sol natal : l'a-
mour du sol natal est bon ; mais il ne
doit pas exclure l'amour de l'humanité.

Honte à l'âme vile qui ne veut pas
reconnaître la multiplicité des aspects
que peut prendre parmi les hommes
la diversité des motifs dont peut se
fortifier l'instinct sacré qui les porte à
fraterniser, à faire un échange d'honneurs, d'égards et de secours !

Deux voyageurs européens se ren-
contrent dans une autre partie du globe ;
l'un sera né à Turin, et l'autre à Lon-
dres. Ils sont Européens ; ce nom com-

mun forme entre eux un certain lien
d'amour, je dirais presque un certain
patriotisme, d'où résulte un louable
empressement à se rendre service.

Voilà, d'un autre côté, des personnes
qui ont de la peine à se comprendre ;
elles ne parlent pas habituellement la
même langue. Vous ne croiriez pas
qu'il pût y avoir du patriotisme entre
elles. Erreur : ce sont des Suisses, l'un
d'un canton italien, l'autre d'un canton français, le troisième d'un canton
allemand. L'identité du lien politique
qui les unit supplée au défaut d'une
langue commune, leur inspire une
mutuelle affection, et les fait contri-
buer, par de généreux sacrifices, au
bien d'une patrie, qui n'est pas une
nation.

Voyez, en Italie ou en Allemagne,
un autre spectacle : ce sont des hom-
·mes qui vivent sous des gouvernemens
différens, et qui sont devenus ainsi des
peuples distincts, forcés quelquefois
de guerroyer l'un contre l'autre. Mais

ils parlent, ou au moins ils écrivent la même langue; ils honorent les mêmes aïeux, ils font gloire de la même littérature; ils ont des goûts semblables, un réciproque besoin d'amitié, d'indulgence, de consolation. Ces motifs les rendent entre eux plus affectueux, plus portés à rivaliser d'attentions.

L'amour de la patrie, qu'il s'applique à un grand ou à un petit pays, est toujours un sentiment noble. Il n'est aucune partie d'une nation qui n'ait ses gloires particulières : des princes qui lui donnèrent une puissance relative plus ou moins considérable; de grands faits historiques; de bonnes institutions; des villes importantes; quelque trait honorable dominant dans le caractère; des hommes illustres sous le rapport du courage, de la politique, des arts et des sciences. Chacun a de plus ses raisons d'avoir quelque prédilection pour la province, pour la ville, pour le hameau qui l'a vu naître.

Mais on ne doit pas faire consister
l'amour de la patrie, quelle que soit
l'étendue de celle-ci, dans le vain orgueil d'être né dans tel ou tel lieu, et
conserver une secrète haine contre les
autres villes, contre les autres provin-
ces, contre les autres nations. Un patriotisme égoïste, envieux, brutal, est
un vice, loin d'être une vertu.

CHAPITRE IX.

Le véritable patriote.

Si l'amour de la patrie est en nous
un vrai et profond sentiment, nous
commencerons par lui donner en nos
personnes, des citoyens dont elle n'ait
pas à rougir, dont elle puisse même
s'honorer. Déverser le ridicule sur la
religion et sur les bonnes mœurs, et

aimer dignement sa patrie, ce sont des choses aussi incompatibles, que d'avoir une juste estime pour une femme que l'on aime, et de se croire néanmoins dispensé de lui être fidèle (16).

Si vous voyez un homme insulter aux autels, à la sainteté conjugale, à la décence, à la probité, et crier : « Patrie ! patrie ! » ne le croyez pas. C'est un hypocrite de patriotisme, c'est un mauvais citoyen.

Il n'est de bon patriote que l'homme vertueux, que l'homme qui comprend, qui aime tous ses devoirs, et qui se fait une occupation sérieuse de les remplir.

Il ne se confond jamais, ni avec le vil adulateur des hommes puissans, ni avec le frondeur haineux de toute autorité. La servilité et l'insolence sont des excès qui vont de pair.

S'il est dans les emplois du gouvernement, militaires ou civils, son but, à lui, ce n'est pas l'argent, mais l'honneur, la prospérité du prince et du peuple.

S'il est simple citoyen, l'honneur et la prospérité du prince et du peuple sont aussi l'objet de ses vœux les plus ardens, et loin de rien faire à l'encontre, il y contribue de tout son pouvoir.

Il sait que, dans toutes les sociétés, il y a des abus, et il en désire la réforme successive ; mais il abhorre la violence de ceux qui voudraient les réformer par la spoliation et par de sanglantes vengeances ; parce que, de tous les abus, ce sont les plus terribles et les plus funestes.

Il n'appelle point, il ne provoque point les discordes civiles ; au contraire, par son exemple et par ses discours, il modère, autant qu'il peut, les exagérés, ét prêche l'indulgence et la paix. Il ne cesse d'être un agneau qu'au jour où la patrie en péril réclame son bras. Alors il devient un lion : il combat et triomphe, ou meurt.

CHAPITRE X.

L'amour filial.

La carrière de vos actions commence dans votre famille : la maison paternelle est la première lice de la vertu. Que dire de ceux qui prétendent aimer leur patrie, qui font ostentation d'héroïsme, et qui manquent à un aussi grand devoir que la piété filiale ? Il n'y a pas d'amour de la patrie, il n'y a pas le moindre germe d'héroïsme là, où règne une noire ingratitude.

A peine l'intelligence de l'enfant s'ouvre-t-elle à l'idée du devoir, que la nature lui crie : « Aime tes parens. » L'instinct de l'amour filial est si puissant, qu'on serait tenté de regarder tout soin comme inutile, pour l'entretenir toute la vie. Néanmoins, comme nous l'avons déjà dit, il est nécessaire que nous ajoutions la sanction de notre volonté à tous les bons instincts ; autrement ils s'oblitèrent. Pour prévenir un si fâcheux effet, nous devons nous occuper, avec une ferme et constante résolution, à cultiver la piété filiale.

Celui qui se fait gloire d'aimer Dieu, d'aimer l'humanité, d'aimer sa patrie, comment n'aurait-il pas la plus grande vénération pour ceux à qui il doit d'être créature de Dieu, homme, citoyen ?

Un père et une mère sont naturellement nos premiers amis ; ce sont les mortels à qui nous devons le plus : à leur égard, nous sommes obligés, par les titres les plus sacrés, à la reconnaissance, au respect, à l'amour, à l'indulgence, aux plus aimables démonstrations de ces divers sentimens.

La grande intimité dans laquelle nous vivons avec les personnes qui nous appartiennent de plus près, nous habitue, hélas ! trop facilement, à les traiter avec une excessive négligence, à prendre peu de soin .d'être aimable, et d'embellir leur existence.

Gardons-nous bien d'un tort semblable. Celui qui veut se rendre aimable doit, dans toutes ses affections, se faire un devoir de joindre au sentiment intérieur, ces soins délicats, cette exactitude, cette politesse, qui sont nécessaires pour les élever à toute la perfection dont elles sont susceptibles.

Ne se montrer exact observateur des procédés obligeans, que hors de sa maison, et, en même temps, manquer d'égards et d'aménité envers ses parens, c'est une déraison, c'est une faute grave. Les belles manières ne s'apprennent que par des soins assidus, et cette éducation commence au sein de la famille.

« Quel mal y a-t-il, disent quelques-uns, à vivre en toute liberté avec ses parens? Ils savent fort bien qu'ils sont aimés de leurs enfans, sans le simulacre des formes gracieuses, sans qu'il faille obliger ceux-ci à dissimuler leurs

ennuis et leurs humeurs. » Vous, qui
désirez vous élever au-dessus du commun, gardez-vous de raisonner ainsi.
Si la liberté des manières dont on parle
est la même chose que la grossièreté,
elle est suffisamment qualifiée, et la
plus grande intimité de famille ne saurait la justifier.

L'homme qui n'a pas le courage de
prendre, à la maison comme ailleurs,
la peine nécessaire pour être agréable
aux autres, pour acquérir toutes les
vertus, pour honorer l'homme en lui-
même, pour honorer Dieu dans l'homme, est une âme faible et sans énergie.
Pour se reposer de la noble fatigue
qu'on éprouverait à être constamment
bon, poli, délicat dans ses procédés,
il n'est d'autre temps que le sommeil.

L'amour filial n'est pas seulement
un devoir de gratitude, c'est encore
un devoir d'indispensable convenance.
Dans le cas rare où quelqu'un aurait
des parens peu bienveillans, peu en
droit d'exiger l'estime, la seule qualité

d'auteurs de ses jours les lui rend si res-
pectables, qu'il ne peut sans infamie,
je ne dirai pas les mépriser, mais seulement les traiter avec la moindre négligence. Alors, les égards qu'il leur té-
moignera auront plus de mérite ; mais
ils n'en seront pas moins une dette
payée à la nature, à l'édification de ses
semblables, à sa propre dignité.

Malheur à celui qui ose exercer une
censure rigoureuse sur quelque défaut
de ses parens! Et envers qui commen-
cerons-nous à pratiquer la charité, si
nous la refusons à un père, à une
mère?

Exiger, pour les respecter, qu'ils
soient sans défaut, qu'ils soient la perfection de l'humanité, c'est en même
temps orgueil et injustice. Nous qui
désirons tous d'être respectés et aimés,
sommes - nous toujours irréprocha-
bles?

Lors même qu'une mère ou un père
serait bien éloigné de cet idéal de raison et de vertu que nous souhaite-

rions, nous devons être ingénieux à les excuser, à cacher leurs fautes aux yeux des étrangers, à apprécier toutes leurs bonnes qualités. Par une telle conduite, nous nous rendrons nous-mêmes meilleurs, en acquérant un caractère aimant, généreux, sagace à reconnaître le mérite d'autrui.

Mon ami, qu'elle entre souvent dans votre âme cette pensée, triste à la vérité, mais féconde en sentimens de compassion, de longanimité : « Ces têtes chenues qui sont là devant moi, qui sait si, dans peu, elles ne dormiront pas dans la tombe? » Ah! tant que vous avez le bonheur de les voir, honorez-les, et procurez-leur des consolations au milieu des maux de la vieillesse, dont le nombre est si grand!

Leur âge ne les porte que trop déjà à la tristesse; gardez-vous de l'augmenter. Que vos manières, et toute votre conduite à leur égard, soient toujours si aimables, que votre vue seule les ranime, les réjouisse. Le sou-

rire que vous rappellerez sur leurs lèvres flétries, le contentement que vous
porterez dans leur cœur, sera pour eux
le plus salutaire des plaisirs, et tour-
nera à votre avantage. Les bénédictions d'un père et d'une mère, pronon-
cées sur la tête d'un fils reconnaissant,
sont toujours sanctionnées de Dieu.

CHAPITRE XI.

Respect dû aux vieillards et aux devanciers.

Honorez, dans toutes les personnes
âgées, l'image de vos parens et de vos
aïeux. La vieillesse est vénérable pour
tout cœur bien né.

Dans l'antique Sparte, il y avait une
loi qui ordonnait aux jeunes gens de
se lever, lorsqu'un vieillard venait à
paraître ; de se taire, lorsqu'il parlait ;

de lui céder le pas, lorsqu'ils le ren-
contraient. Ce que la loi ne prescrit
pas de nos jours, que la décence l'inspire, et ce sera mieux encore.

Il y a dans ce respect tant de beauté
morale, qu'il se fait applaudir de
ceux même qui en négligent la pratique.

Un vieillard athénien cherchait une
place aux jeux Olympiques, et l'amphithéâtre était comble. Quelques jeunes
gens d'Athènes lui firent signe de s'approcher; et quand, sur leur invitation,
il fut parvenu à grand'peine jusqu'à
eux, au lieu de l'accueil auquel il devait s'attendre, il ne trouva que d'indignes éclats de rire. Le pauvre vieillard, repoussé d'un lieu à un autre,
arriva à la partie de l'amphithéâtre où
étaient assis les Spartiates. Ceux-ci,
fidèles à une coutume sacrée dans leur
patrie, se lèvent modestement, et le
placent au milieu d'eux. Ces mêmes
Athéniens, qui s'étaient si honteusement joués du vieillard, sont pénétrés

d'estime pour leurs généreux rivaux,
et les spectateurs font retentir toute
l'enceinte de leurs applaudissemens.
Les larmes coulent des yeux du vieillard, et il s'écrie : « Les Athéniens savent ce qui est honnête ; les Spartiates
le font ! »

Alexandre de Macédoine (et ici je
lui donnerai volontiers le nom de
Grand), dans le temps même que les
plus hautes faveurs de la fortune sem-
blaient conspirer à l'enorgueillir, savait néanmoins s'humilier en présence
de la vieillesse. Arrêté une fois, dans
sa course triomphale, par une quan-
tité extraordinaire de neige, il fit allu-
mer un peu de bois, et, assis sur son banc
royal, il se chauffait. Il vit parmi ses
guerriers un homme de très-grand
âge, qui tremblait de froid. Il s'élança
vers lui, et, de ses mains invincibles
qui avaient renversé l'empire de Da-
rius, il prit le vieillard tout transi, et
le porta sur son propre siége.

« Il n'est de méchant que l'homme

qui est sans respect pour la vieillesse, les femmes et le malheur, » disait Parini. Et Parini se prévalait fort de l'autorité qu'il avait sur ses disciples, pour les tenir dans les termes du plus grand respect envers les vieillards. Il était un jour très-indigné contre un jeune homme dont on lui avait rapporté un écart fort grave. Il le rencontra par hasard dans une rue, au moment même où ce jeune homme, soutenant un vieux capucin, reprenait avec noblesse quelques misérables, qui avaient eu la lâche barbarie de heurter le vieillard. Parini joignit sa voix à la sienne, puis, jetant ses bras au cou du jeune homme, il lui dit : « Il n'y a qu'un moment, je vous regardais comme pervers ; maintenant que je suis témoin de votre tendre et pieux respect pour les vieillards, je reviens à vous croire capable de beaucoup de vertus. »

La vieillesse mérite plus encore notre respect dans ceux qui supportèrent les désagrémens de notre enfance et de

notre adolescence ; dans ceux qui con-
tribuèrent de tout leur pouvoir à
nous former l'esprit et le cœur. Ayons
de l'indulgence pour leurs défauts, et
estimons généreusement les peines que
nous leur coûtâmes, l'affection qu'ils
eurent pour nous, et pensons à la douce
récompense que leur procurera la continuation de notre amour. Non ; celui
qui se consacre de tout cœur à l'éducation de la jeunesse ne trouve pas une suf-
fisante compensation dans le pain qu'il
obtient à titre de justice. Ces soins, qui
réunissent ceux d'un père et d'une
mère, ne sortent pas de l'âme d'un mer-
cenaire. Ils ennoblissent celui qui en
fait son habitude. Ils disposent à aimer, et donnent droit à un retour d'affection (17).

Portons un respect filial à tous nos
supérieurs, par cela même qu'ils sont
nos supérieurs.

Conservons le même sentiment pour
la mémoire des hommes qui ont bien
mérité de la patrie, ou de l'humanité.

Regardons comme sacrés les caractères qu'ils tracèrent, leurs portraits, leurs tombeaux.

Et quand nous considérons les siècles passés, et les traces de barbarie qu'ils ont laissées; quand, gémissant sur les maux trop nombreux qui pèsent sur nous, nous reconnaissons qu'ils sont les conséquences des passions et des erreurs des siècles précédens, ne cédons pas à la tentation de blâmer nos aïeux. Faisons-nous un devoir de mettre une tendre bienveillance dans les jugemens que nous portons sur eux. Ils entreprenaient des guerres que nous déplorons aujourd'hui; mais n'étaient-ils pas justifiés par la nécessité, ou par d'innocentes illusions, que nous pouvons mal juger à une si grande distance? Ils eurent recours à l'intervention étrangère, et il en résulta des malheurs; mais ne sont-ils pas justifiés par les mêmes circonstances? Ils imposaient aux peuples des institutions qui ne nous plaisent pas;

mais est-il bien sûr qu'elles ne convinssent pas à leur temps? qu'elles ne fussent point le mieux voulu de la sagesse humaine, eu égard aux élémens sociaux qu'on avait alors?

La critique doit être éclairée, mais non pas cruelle, envers les hommes qui nous ont précédés; elle ne doit ni calomnier, ni refuser d'honorer des hommes qui ne peuvent pas se lever de leurs tombes, et nous dire : « Enfans, écoutez : voici quelle fut la raison de notre conduite. »

On connaît la sentence de Caton l'Ancien : « Il n'est pas facile de faire comprendre aux hommes qui vivront dans un autre siècle, ce qui justifie notre vie. »

CHAPITRE XII.

Amour fraternel.

Vous avez des frères et des sœurs. Mettez tout en œuvre pour que l'a-

mour que vous devez à vos semblables
commence à se réaliser en vous dans
toute sa perfection, d'abord à l'égard
des auteurs de vos jours, puis à l'égard
de ceux à qui vous êtes lié par la plus
étroite de toutes les fraternités : celle
qui vous rattache au même père et à
la même mère.

Pour bien pratiquer la divine science
de la charité envers tous les hommes,
il faut en faire l'apprentissage dans sa
famille.

Quel charme n'y a-t-il pas dans cette
pensée : Nous sommes enfans de la
même mère! Quelle douceur d'avoir
trouvé, à peine venus au monde, les
mêmes objets à vénérer avec une sin-
gulière prédilection! La communauté
de sang et la conformité des habitudes
entre frères et sœurs, produisent naturellement une forte sympathie; et,
pour la détruire, il ne faut rien moins
qu'un horrible égoïsme.

Si vous voulez être bon frère, gardez-vous de l'égoïsme. Chaque jour,

dans vos relations fraternelles, propo-
sez-vous d'être généreux. Que chacun
de vos frères, que chacune de vos sœurs
voie que ses intérêts vous sont aussi
chers que les vôtres. Si l'un d'eux fait
une faute, soyez indulgent à son égard,
non-seulement comme vous le seriez à
l'égard d'un autre, mais plus encore.
Réjouissez-vous de leurs vertus; imitez-
les, donnez-leur même une nouvelle
impulsion par vos exemples; faites enfin qu'ils se trouvent heureux de vous
avoir pour frère.

Ils sont infinis, les motifs de douce
reconnaissance, de souhaits affectueux,
de tendres craintes, qui servent continuellement à alimenter l'amour fraternel. Mais il faut néanmoins y réflé-
chir; autrement ils passent souvent ina-
perçus. Il faut vouloir s'en pénétrer.
Les sentimens exquis ne s'acquièrent
que par le travail assidu d'une active
volonté. Comme personne ne devient,
sans étude, un vrai connaisseur en poésie ou en peinture, de même personne

ne comprend l'excellence de l'amour
fraternel ou de tout autre noble sentiment, sans une constante volonté de
la comprendre.

L'intimité domestique ne doit jamais
vous faire négliger d'être poli avec vos
frères.

Soyez plus délicat encore avec vos
sœurs. Leur sexe est doué d'une grâce
puissante, et elles se servent ordinairement de ce céleste don, pour répandre
la sérénité et la joie dans la maison,
pour en bannir la mauvaise humeur,
pour tempérer les réprimandes du père
ou de la mère, lorsqu'elles sont faites en
leur présence. Honorez en elles cette
suavité, qui est le caractère des vertus de
la femme; réjouissez-vous du pouvoir
qu'elles ont d'adoucir les esprits. Et,
puisque la nature les a faites plus faibles et plus sensibles que vous, soyez
d'autant plus attentif à les consoler, si
elles sont affligées, à ne pas les affliger
vous-même, à leur témoigner constamment du respect et de l'amour.

Ceux qui contractènt, entre frères et sœurs, des habitudes de malignité et de vulgarité, conservent ces défauts avec tout le monde. Que la société de famille soit toute belle, tout affectueuse, toute sainte ; et alors, quand on sortira de sa maison, on portera, dans ses relations avec les autres hommes, cette tendance à l'estime et à l'aménité, et cette foi en la vertu, qui sont le fruit d'un continuel exercice des sentimens élevés.

CHAPITRE XIII.

Amitié.

Outre les auteurs de vos jours et vos autres parens, qui sont les amis les plus immédiats que la nature vous ait donnés ; outre ces maîtres qui ont spécialement mérité votre estime, et qu'a-

vec tant de plaisir vous appelez vos
amis, il vous arrivera de ressentir une
sympathie particulière pour d'autres
personnes, dont les vertus vous seront
moins connues, et surtout pour des
jeunes gens de votre âge, ou d'un âge
rapproché du vôtre.

Quand devez-vous céder ou résister
à cette sympathie? La réponse n'est pas
douteuse.

Nous devons de la bienveillance à
tous les hommes; mais nous ne devons
porter cette bienveillance jusqu'à l'a-
mitié qu'en faveur de ceux qui, par
leurs qualités, peuvent mériter notre
estime. L'amitié est une fraternité, et,
dans son sens le plus élevé, elle est le
beau idéal de la fraternité. C'est un
accord parfait de deux, ou trois âmes
au plus, qui sont devenues comme nécessaires l'une à l'autre, qui ont trouvé, l'une dans l'autre, la plus grande
disposition à se comprendre, à se faire
plaisir et à s'entr'aider, à s'interpréter
noblement, à s'animer au bien.

« De toutes les sociétés, dit Cicéron, la plus respectable, la plus solide, c'est celle qui se forme entre des gens de bien unis par la conformité des mœurs. » *Omnium societatum nulla præstantior est, nulla firmior, quam cum viri boni, moribus similes, sunt familiaritate conjuncti.* (De Offic., lib. I, c. 17.)

Ne déshonorons jamais le nom sacré d'ami, en le donnant à un homme qui n'a que peu ou point de vertu.

Celui qui hait la religion ; celui qui n'est pas jaloux de sa dignité d'homme ; celui qui ne sent pas qu'on doit honorer sa patrie par la sagesse de ses pensées et par la noblesse de ses sentimens ; celui qui est fils peu respectueux, ou frère malveillant, fût-il le plus merveilleux des mortels, par les agrémens de sa personne et de ses manières, par la beauté de son langage, par l'étendue de ses connaissances, et même par un brillant élan vers les actions généreuses; qu'un tel homme ne vous entraîne pas à vous lier d'amitié avec lui !

Quand il vous témoignerait la plus vive affection, ne l'admettez pas à votre familiarité : l'homme vertueux possède, lui seul, les qualités nécessaires à un ami.

Avant de reconnaître un homme pour vertueux, la seule possibilité qu'il ne le soit pas doit vous être un motif suffisant pour vous tenir à son égard dans les limites de la politesse commune. Le don du cœur est une trop grande chose; vous empresser de le livrer, c'est une coupable imprudence, c'est une indignité. Celui qui se lie avec des hommes pervers, se pervertit, ou au moins fait retomber honteusement sur lui-même l'infamie de ces faux amis.

Mais heureux celui qui rencontre un digne ami ! Abandonné à sa propre force, il sentait souvent sa vertu languir : l'exemple et l'approbation de son ami lui donnent une nouvelle énergie. Auparavant, il s'effrayait peut-être, en se voyant porté à beaucoup de défauts,

sans avoir la conscience de son mérite : l'estime de l'homme qu'il aime
le relève à ses propres yeux. Il éprouve
encore une secrète confusion de ne pas
posséder toutes les vertus que l'indulgence d'un autre lui suppose; mais il
sent croître en lui un courage capable
de tous les efforts qu'exige son amélioration. Il se réjouit de voir que ses
bonnes qualités n'échappent pas à son
ami; il lui en est reconnaissant; il
brûle d'en acquérir d'autres; et, grâce
à l'amitié, on voit quelquefois s'avancer d'un pas ferme vers la perfection,
un homme qui en était et qui peut-
être en serait toujours resté bien
éloigné.

Ne veuillez pas à toute force
avoir des amis. Il vaut mieux n'en
avoir aucun, que de s'exposer à se
repentir d'un choix précipité; mais
quand vous en aurez trouvé un, honorez-le d'une haute amitié.

Ce noble sentiment a obtenu le suffrage de tous les philosophes, et même celui de la religion.

L'Ecriture nous en offre de beaux exemples : « L'âme de Jonathas, y est-il dit, s'unit intimement à l'âme de David... Jonathas l'aima comme son âme. » Mais, qui plus est, l'amitié fut consacrée par le Rédempteur lui-même ! Il pressa sur sa poitrine la tête de Jean qui dormait, et du haut de la croix, avant de rendre le dernier soupir, il prononça ces divines paroles, qui respirent l'amour filial et la plus tendre amitié : « Mère, voilà votre fils ! Fils, voilà votre mère ! »

Pour moi, je crois que l'amitié (j'entends l'amitié élevée, la véritable amitié, celle qui est fondée sur une grande estime) est presque nécessaire à l'homme pour le sauver des basses tendances. Elle donne à l'âme quelque chose de poétique, une force sublime, sans laquelle il s'élève difficilement au-dessus du terrain fangeux de l'é-goïsme. Mais quand une fois vous avez

engagé votre cœur, pénétrez-vous bien
des devoirs de l'amitié. Ils sont nombreux, ces devoirs ; il ne s'agit de rien
moins, que de vous rendre, toute votre
vie, digne de votre ami !

Il en est qui conseillent de ne former aucune liaison d'amitié, parce
que, disent-ils, l'amitié occupe trop
le cœur, distrait l'esprit, et produit
des jalousies ; pour moi, je suis de l'a-
vis d'un excellent philosophe, saint
François de Sales, qui, dans sa Philo-
thée, appelle cela « un mauvais conseil. »

Il avoue qu'il peut bien être sage,
dans les cloîtres, d'interdire les amitiés particulières (18). « Mais dans le
monde, dit-il, il est nécessaire que
ceux qui veulent combattre sous l'é-
tendard de la vertu, sous l'étendard
de la croix, soient étroitement unis.
Ceux qui vivent dans le siècle, où il y
a tant de mauvais pas à franchir pour
aller à Dieu, sont semblables aux voyageurs qui, dans des chemins difficiles,

rudes et glissans, se tiennent les uns aux autres pour se soutenir, et pour y marcher avec plus de sûreté.

Au fait, les méchans se donnent la main pour faire le mal ; pourquoi les bons ne se la donneraient-ils pas aussi pour faire le bien ?

CHAPITRE XIV.

Les études.

Dès que vous le pouvez, c'est pour vous un devoir sacré de cultiver votre esprit. Vous vous rendrez par là plus propre à honorer Dieu, la patrie, vos parens, vos amis.

Le paradoxe de Rousseau, que l'homme sauvage est le plus heureux des mortels, que l'ignorance est préférable au savoir, est démenti par l'expérience. Tous les voyageurs ont trouvé le sauvage très-malheureux.

L'ignorant, sans doute, peut être bon : nous en avons tous des exemples sous les yeux. Mais nous savons aussi que l'homme instruit peut l'être également, et qu'il doit même l'être à un plus haut degré.

Le savoir n'est nuisible, que lorsqu'il est infecté par l'orgueil. Que l'humilité vienne s'y joindre, et vous le verrez porter l'esprit à aimer Dieu, à aimer le genre humain.

Tout ce que vous étudiez, appliquez-vous à l'apprendre avec le plus de profondeur qu'il vous est possible. Les études superficielles ne produisent que des hommes médiocres et présomptueux, qui ont par-devers eux la conscience de leur nullité, et qui n'en sont que plus acharnés à se liguer avec les plus fâcheux personnages de leur sorte, pour crier au monde qu'ils sont, eux, de grands hommes, et que les véritables grands hommes sont des

5.

hommes chétifs. De là ces guerres perpétuelles des pédans contre les esprits
supérieurs, des vains déclamateurs
contre les vrais philosophes. De là
cette honteuse méprise où tombe quelquefois la multitude, d'élever sur le
pavoi celui qui crie le plus, et qui souvent sait le moins.

Notre siècle ne manque pas de savans distingués ; mais, malheureusement pour sa gloire, le nombre des
hommes superficiels l'emporte de
beaucoup. Ne soyez pas de ce nombre ;
dédaignez ce faux honneur, non par
vanité, mais par le sentiment du devoir, par amour pour la patrie, par
une haute estime de l'âme humaine
que vous avez reçue du Créateur.

Si vous ne pouvez approfondir plusieurs branches des connaissances humaines, parcourez-en légèrement quel-
ques-unes, afin d'acquérir seulement
les notions qu'il n'est pas permis d'i-
gnorer ; mais choisissez une branche
particulière, et concentrez avec force

sur ce point toutes vos facultés intellectuelles, et surtout toute votre volonté, pour ne demeurer en arrière
de personne.

En fait d'études, Sénèque nous donne
un très-bon conseil. Voulez-vous que
la lecture laisse en vous des empreintes
durables? Bornez-vous à quelques auteurs pleins d'une saine raison, et
nourrissez - vous de leur substance.
Etre partout, c'est n'être particulièrement nulle part. Une vie passée en
voyages fait connaître beaucoup d'hô-
tes, et peu d'amis. Il en est de même
de ces lecteurs avides, qui, sans s'attacher spécialement à aucun livre, en
dévorent des milliers.

Quelle que soit l'étude qui fixe votre goût, gardez-vous bien d'un défaut
assez commun : celui de vouer à votre
science une admiration exclusive, et
de mépriser celles auxquelles vous
n'aurez pu vous appliquer.

Les triviales et superbes déclamations de certains poètes contre la prose,

de certains prosateurs contre la poésie,
des naturalistes contre les métaphysi-
ciens, des mathématiciens contre ceux
qui ne le sont pas, et réciproquement,
sont des puérilités. Toutes les sciences,
tous les arts, toutes les manières de
trouver et de faire ressortir le vrai et
le beau, ont droit à l'hommage de la
société, et surtout à celui de l'homme
éclairé.

Il n'est point vrai que les sciences
exactes et la poésie s'excluent. Buffon
fut un grand naturaliste, et cependant
son style est animé d'un feu poétique
admirable. Mascheroni était à la fois
bon poète et bon mathématicien.

En cultivant la poésie, ou quelqu'une des autres sciences qui ont le
beau pour objet, prenez garde de rendre votre esprit incapable de s'arrêter
froidement sur des calculs, ou sur des
méditations logiques. Si l'aigle disait :
Ma nature, à moi, est de voler, je ne
puis considérer les objets autrement,
il serait ridicule. Il en peut parfaite-

ment voir un grand nombre, sans dé-
ployer les ailes.

D'un autre côté, la froideur que demandent de vous les sciences d'obser-
vation ne doit pas vous faire croire que
l'homme est parfait quand il a éteint
en lui tout le feu de l'imagination,
quand il a tué le sentiment poétique.
Ce sentiment, s'il est bien réglé, au
lieu d'affaiblir la raison, ne fait en certains cas que la fortifier.

Dans les études, comme dans la politique, défiez-vous des partis et de
leurs systèmes. Examinez ces systèmes, pour les bien connaître, pour les
comparer avec les autres, et enfin pour
les juger, et non pour en être esclave.
Que signifièrent les débats des admi-
rateurs et des détracteurs, également
furieux, d'Aristote et de Platon, et des
autres philosophes? ou ceux des ad-
mirateurs et des détracteurs de l'A-
rioste et du Tasse? Ces maîtres, ido-
lâtrés ou flétris, sont restés ce qu'ils
étaient, ni des dieux, ni des esprits

médiocres. Ceux qui s'agitèrent si vivement, pour les peser dans de fausses balances, subirent la dérision, et le monde, qu'ils assourdirent de leurs disputes, n'en retira aucun fruit.

Dans toutes les études que vous faites, tâchez de réunir un discernement calme à la pénétration, la patience de l'analyse à la force de la synthèse; mais avant tout, soyez résolu à ne vous laisser abattre par aucun obstacle, et à ne vous enorgueillir jamais de vos triomphes; c'est-à-dire, ayez la volonté de vous éclairer de la manière que Dieu le permet, avec élan sans doute, mais sans arrogance.

CHAPITRE XV.

Choix d'un état.

Le choix d'un état est une affaire de la plus haute importance. Nos pères disaient que, pour faire un bon choix, il fallait implorer l'inspiration de Dieu. Je ne sache pas qu'on doive, même aujourd'hui, dire autre chose. Réfléchissez, avec une profonde et religieuse attention, à l'avenir que vous devez avoir parmi les hommes, et priez.

Quand vous aurez entendu, au fond de votre cœur, la voix divine qui vous dira, non un jour seulement, mais des semaines, des mois entiers, et toujours avec une plus grande force de persuasion : Voici l'état que vous devez choisir ! obéissez-lui avec une énergique et ferme volonté. Entrez et avancez dans cette carrière, mais en y portant les vertus qu'elle exige.

Moyennant ces vertus, tout état est bon pour celui qui y est appelé. Le sacerdoce, qui épouvante celui qui l'a embrassé par légèreté et avec un cœur avide de divertissemens, fait les délices et l'honneur d'un homme pieux et ami de la retraite. La vie monastique elle-même, que tant de personnes dans le

monde regardent comme insupportable, ou même comme méprisable, fait
les délices et l'honneur d'un philosophe religieux, qui ne se croit pas inutile à la société, en exerçant sa charité
à l'avantage de quelques autres religieux, et de quelques pauvres labou-
reurs. La toge, que beaucoup portent
comme un poids énorme, à cause de
la longue et constante application
qu'elle demande, est légère à celui qui
ne voit rien de plus beau que de défendre, par les armes de la raison, les
droits de son semblable. Le noble mé-
tier des armes a un charme infini pour
l'homme qui est bouillant de courage,
et qui ne voit rien de plus glorieux
que d'exposer ses jours pour sa patrie.

Chose admirable ! tous les états, depuis les plus relevés jusqu'à celui
d'humble artisan, ont leur douceur
et une véritable dignité. Il suffit pour
cela de vouloir nourrir en soi les vertus
qui sont indispensables dans chacun
d'eux. C'est parce que peu d'hommes

remplissent cette condition, qu'on en voit un si grand nombre maudire le genre de vie qu'ils ont embrassé. Pour vous, quand vous aurez choisi une carrière, suivant toutes les règles de la prudence, n'imitez point ces pleureurs éternels. Ne vous laissez pas agiter d'un vain repentir, de la moindre volonté de changer. Toute voie, dans cette vie, a ses épines. Dès que vous avez mis le pied dans une carrière, continuez ; revenir en arrière, c'est une lâcheté. Si ce n'est dans le mal, il est toujours bien de persévérer. Il n'est que celui qui sait persister dans sa carrière, qui puisse espérer d'arriver à quelque distinction.

CHAPITRE XVI.

Mettre un frein aux inquiétudes de l'esprit.

Beaucoup demeurent dans l'état qu'ils ont choisi, et s'y affectionnent; mais ils sont furieux de voir qu'un autre état procure à d'autres hommes de plus grands honneurs, une plus grande fortune; ils sont furieux de n'être pas estimés et récompensés autant qu'ils croient le mériter; ils sont furieux d'avoir trop de rivaux, et de ne pas voir tout le monde à leurs pieds.

Chassez loin de vous de pareilles inquiétudes : celui qui s'en laisse dominer a perdu sur la terre sa part de félicité. Il devient superbe et quelquefois ridicule, en s'estimant lui-même plus qu'il ne vaut; et il devient injuste, en estimant toujours moins qu'ils ne valent ceux à qui il porte envie.

Sans doute, dans la société humaine, les mérites ne sont pas toujours récompensés dans une juste proportion. Un homme habile a souvent trop de modestie pour savoir se faire connaître, et souvent aussi il est tenu dans l'obscurité, ou dénigré par des hommes médiocres, pleins d'audace, qui convoitent une fortune supérieure à la sienne. Le monde est ainsi, et en cela on ne peut guère espérer qu'il change.

Il ne vous reste donc d'autre parti à prendre, que de sourire à cette nécessité, et de vous résigner. Imprimez-vous bien dans l'esprit cette forte vérité : ce qui importe, c'est d'avoir véritablement du mérite, et non d'obtenir des récompenses. Si le mérite est récompensé, c'est fort bien : s'il ne l'est pas, en se maintenant, même sans espoir de récompense, il n'en acquiert que plus de force et d'éclat.

La société serait moins vicieuse, si chacun s'appliquait à refréner ses inquiétudes, ses ambitions. Il s'agit, pour cela, non de négliger d'augmenter sa fortune, de devenir paresseux ou apathique : ce seraient d'autres excès ; mais de n'entretenir en soi que des ambitions honorables, de bannir les ambitions frénétiques ou envieuses ; de renfermer les ambitions légitimes elles - mêmes dans les limites qu'on ne peut espérer de franchir, et de se dire à soi-même : Si je ne suis pas arrivé à ce rang élevé dont je me croyais digne, même à ce rang infé- rieur, je suis le même homme, et j'ai par conséquent le même mérite in- trinsèque.

On n'est pardonnable de s'inquiéter de la récompense de ses œuvres, que lorsqu'il s'agit du nécessaire pour soi ou pour sa famille. Au-delà, le sur- croît de prospérité qu'il est permis de rechercher, il faut le désirer sans trou- ble. S'il nous arrive, que Dieu soit béni, ce surcroît rendra notre vie plus douce, et nous donnera le moyen de faire du bien aux autres. S'il ne nous arrive pas, que Dieu soit béni encore; on peut vivre avec dignité même sans beaucoup de douceurs, et si l'on est dans l'impossibilité de secourir ses semblables, la conscience du moins ne le reproche pas.

Faites tout ce qui est en votre pou-

voir pour être un citoyen utile, et pour
déterminer les autres à le devenir, et
puis laissez les choses aller comme
elles vont. Donnez quelques soupirs
aux injustices et aux malheurs dont
vous êtes témoin ; mais ne vous trans-
formez pas en ours pour cela. Ne tombez pas dans la misanthropie, ni, ce
qui est pis encore, dans cette fausse
philanthropie qui, pour le prétendu
bien des hommes, se montre consumée
de la soif du sang, et éprise de la destruction, comme on l'est d'un bel
édifice, comme Satan l'est de la mort.

Celui qui hait la réforme possible
des abus de la société est un scélérat
ou un sot; mais celui qui, en l'em-
brassant de toute son âme, devient
cruel, est également un sot ou un scélérat, et même à un plus haut degré.

Sans le calme de l'esprit, la plupart
des jugemens humains sont faux et
méchans. Il n'y a que le calme de l'esprit qui puisse vous rendre fort dans
les souffrances, d'une constance invin-

cible dans vos entreprises, juste, indulgent; aimable avec tout le monde.

CHAPITRE XVII.

Repentir et amendement.

En vous recommandant de bannir
l'inquiétude, j'ajoutai que vous ne de-
viez pas vous laisser aller à la paresse,
ni surtout vous relâcher dans le des-
sein que vous avez formé de travailler
tous les jours à votre amélioration.
L'homme qui dit : Mon éducation morale est faite, et mes œuvres l'ont affer-
mie, se trompe. Nous devons sans cesse
apprendre à nous conduire pour le jour
présent et pour la suite; sans cesse entretenir la ferveur de notre vertu par
de nouveaux actes; sans cesse pen-

ser à nos fautes, et nous en repentir.

Oui, nous devons nous en repentir. Rien de plus vrai que ce que dit l'E-glise : Que notre vie doit être un repentir perpétuel, et une perpétuelle aspiration à une vie plus pure. Le christianisme n'est pas autre chose ; et Voltaire, dans un de ces momens où il n'était pas dévoré de la fureur d'immoler la religion à d'indignes plaisanteries, Voltaire lui-même écrivit ces paroles : « La confession est une chose excellente par elle-même ; c'est un frein pour le crime, inventé dans l'antiquité la plus reculée ; la confession était en usage dans la célébration de tous les mystères antiques. Nous n'avons fait qu'imiter et sanctifier cette sage coutume ; elle est très-efficace pour ramener les âmes ulcérées de la haine au pardon. » (Quest. Encyclop.)

Si Voltaire ne craint pas de convenir de l'utilité de la confession, il serait honteux que des hommes, qui s'honorent d'être chrétiens, n'en fussent pas profondément pénétrés. Ecoutons la voix de notre conscience ; rougissons des choses qu'elle nous reproche; confessons-les pour nous en purifier, et ayons recours jusqu'à la fin de notre vie à cette sainte piscine. Si l'on ne s'en acquitte pas avec une volonté somnolente, si l'on ne condamne pas seulement des lèvres les fautes qu'on rappelle à son souvenir, si au repentir vient se joindre un véritable désir d'amendement, en rie qui voudra, rien ne peut être plus salutaire, plus sublime, plus digne de l'homme.

Quand vous vous reconnaissez coupable d'une faute, n'hésitez pas à la réparer. Ce n'est qu'en la réparant que vous aurez la conscience satisfaite. Le délai de la réparation attache l'âme au mal par un lien chaque jour plus fort, et l'habitue à se mésestimer. Et malheur à l'homme, lorsqu'il se mésestime intérieurement ! Malheur à lui, lorsqu'il feint de s'estimer, tout en

sentant dans sa conscience une corruption qui n'y devrait pas être ! Malheur
à lui, lorsqu'il croit qu'infecté de ce
venin, il ne doit s'inquiéter que de le
cacher aux yeux des autres ! Il n'occupe plus alors un rang parmi les nobles êtres : c'est un astre tombé , une
calamité de la création.

Si quelque jeune homme impudent
vous accuse de faiblesse, parce que,
comme lui, vous ne vous obstinez pas
dans vos égaremens, répondez-lui qu'il
y a plus de force d'âme à résister au vice
qu'à s'y laisser entraîner ; répondez-
lui que l'arrogance du pécheur n'est
pas une véritable force, puisqu'il est
certain qu'au lit de la mort il la perd,
s'il conserve quelque peu de raison ;
répondez-lui que la force , qui est l'objet de votre ambition, est précisément
celle de ne pas vous soucier de la mo-
querie, quand vous laissez la voie du
vice pour suivre celle de la vertu.

Quand vous avez à vous reprocher
un tort quelconque, ne mentez jamais

pour le nier ou pour l'atténuer : le mensonge est une honteuse faiblesse. Avouez votre faute, c'est là de la magnanimité ; et la honte que vous coûtera cet aveu vous méritera les éloges des honnêtes gens.

S'il vous est arrivé d'offenser quelqu'un, ayez la noble humilité de lui en faire vos excuses. Comme votre conduite tout entière montrera que vous n'êtes pas un lâche, personne pour cela ne vous taxera de lâcheté. S'obstiner dans l'insulte, et, plutôt que de se rétracter loyalement, en venir au duel ou à une éternelle inimitié, ce sont des forfanteries d'hommes superbes et féroces ; ce sont des infamies qu'on s'efforce en vain de pallier sous le brillant nom d'honneur.

Il n'est d'honneur que dans la vertu ; et il n'est de vertu qu'à la condition de se repentir continuellement du mal, et de former la résolution de s'amender.

CHAPITRE XVIII.

Célibat.

Lorsque vous aurez pris, parmi les diverses carrières de la société, celle qui vous convient, et que vous croirez avoir donné à votre caractère cette fermeté de bonnes habitudes nécessaire pour être vraiment un homme, alors, et pas avant, si vous avez l'intention de vous engager dans les liens du mariage, occupez-vous de choisir une femme qui mérite votre amour.

Mais avant de sortir du célibat, examinez bien si vous ne devriez pas le préférer. Si vous n'êtes pas parvenu à dompter assez votre penchant à la colère, à la jalousie, au soupçon, à l'impatience, à une âpre domination, pour avoir lieu d'espérer d'être agréable à votre compagne, ayez la force de renoncer aux douceurs du mariage. En prenant une femme, vous la rendriez malheureuse, et vous vous rendriez malheureux vous-même.

Si vous ne rencontriez pas une personne qui réunît toutes les qualités que vous croyez nécessaires, pour être satisfait vous-même, et pour qu'elle, aussi, s'attache fortement à vous, ne vous laissez pas entraîner à prendre une femme. Vous devez, dans ce cas, demeurer célibataire, plutôt que de jurer un amour que vous n'auriez pas.

Mais soit que vous prolongiez seulement le célibat, soit que vous vous y fixiez, honorez-le par les vertus qu'il prescrit, et sachez en apprécier les avantages.

Oui, le célibat a aussi ses avantages. L'homme doit toujours reconnaître et apprécier les avantages de la condition où il se trouve ; autrement, il se croit malheureux ou dégradé dans cette condition, et il affaiblit ainsi en lui le courage qui est nécessaire pour se conduire avec dignité.

La manie de se montrer impatient des désordres sociaux, et peut-être aussi l'opinion qu'il est utile de les exagérer pour en amener la réforme, ont souvent porté des hommes d'une fougueuse éloquence à fixer l'attention de leurs semblables sur les scandales que donnent beaucoup de célibataires, et à crier que le célibat est contre nature, qu'il est une immense calamité, qu'il est la cause la plus active de la dépravation des peuples.

Ne vous laissez pas exalter par ces hyperboles. Il n'est que trop vrai que le célibat a ses scandales. Mais les bras et les pieds servent aussi d'instrumens à de grotesques et indécens conflits. Les bras et les pieds sont-ils pour cela une chose détestable?

Que ceux qui entassent les considérations sur l'immoralité, prétendue nécessaire, du célibat, mettent aussi quelque attention à compter les maux qui résultent d'un engagement matrimonial contracté sans inclination.

Aux courtes folies des noces succèdent le chagrin, l'horreur de se voir enchaîné, la triste découverte que le choix fut précipité, que les caractères sont incompatibles. Les regrets de l'un des époux ou de tous les deux produisent les grossièretés, les outrages, les cruelles et perpétuelles amertumes. La femme, l'être le plus doux et le plus généreux des deux, est ordinairement la victime de ce funeste désaccord. Ou elle traîne ses jours dans la douleur, ou, ce qui est pis encore, elle se dénature; elle perd sa bonté, elle ouvre son cœur à des affections où elle croit trouver une compensation à l'absence de l'amour conjugal, et dont l'unique fruit est l'ignominie et le remords. De ces mariages contractés sous de si fâcheux auspices, viennent des enfans qui, pour premier exemple, ont sous les yeux la conduite indigne du père ou de la mère, ou de tous les deux; des enfans par suite peu ou mal aimés, point ou mal élevés, sans respect pour leurs parens, sans tendresse pour leurs frères, sans notion des vertus domestiques, qui sont la base des vertus civiles.

Les exemples de ces sortes de mariages sont si communs, qu'il suffit d'ouvrir les yeux pour en voir. Personne ne m'accusera d'exagération.

Je ne nie point les maux qui résultent du célibat; mais quiconque voudra considérer ceux qui résultent du mariage, ne les jugera certainement pas moindres, et dira avec moi d'une infinité d'époux : Plût à Dieu qu'ils n'eussent jamais prononcé ce serment fatal !

Le plus grand nombre des hommes sont appelés au mariage; mais le célibat est aussi dans la nature. S'affliger de ce que tous ne s'occupent pas à fonder de nouvelles familles, c'est un complet ridicule. Le célibat, quand on s'y attache pour de bonnes raisons, et qu'on le garde avec honneur, n'a rien de méprisable. Il est même digne de la plus grande considération, comme toute espèce de sacrifice raisonnable fait dans de bonnes vues. Libre des soins qu'exige une famille, le célibataire a plus de temps et plus de vigueur pour se consacrer à de hautes études, ou aux fonctions élevées de la religion; il dispose de plus de moyens pour soutenir les familles de ses parens qui ont besoin de secours; il jouit d'une plus grande liberté d'affection, et peut la répandre sur un grand nombre de malheureux.

Et tout cela ne serait pas un bien?

Ces réflexions ne sont point inutiles. Pour abandonner ou pour embrasser le célibat, il faut savoir ce qu'on embrasse ou ce qu'on abandonne. Les déclamations partiales pervertissent le jugement.

CHAPITRE XIX.

Honneur dû à la femme.

———

Le vil et moqueur cynisme est le génie des âmes vulgaires : comme Satan, il forge sans cesse des mensonges, pour entraîner les hommes à se rire de la vertu, et à la fouler aux pieds. Il recueille tous les faits qui déshonorent l'autel, et, dissimulant ceux qui l'honorent, il s'écrie : Quelle est donc la salutaire influence du sacerdoce et de l'instruction religieuse, hors du cerveau des fanatiques? Il recueille tous les faits qui déshonorent la politique, et s'écrie : Voilà ce que sont les lois, l'ordre civil, l'honneur, le patriotisme! On ne voit qu'un conflit de ruses et de forces dans la partie qui gouverne, ou aspire à gouverner ; qu'imbécillité dans celle qui obéit. Il recueille tous les faits qui déshonorent le célibat, le mariage, les pères, les mères, les enfans, les parens, les amis, et s'écrie avec un infâme transport : J'ai découvert que tout n'est qu'égoïsme, imposture, brutalité, indifférence et mépris réciproques.

Les fruits de cette sagesse infernale et mensongère sont précisément l'égoïsme, l'imposture, la brutalité, l'indifférence et le mépris réciproques. Comment le génie honteux des hommes bas et vulgaires, dont la nature est de ravaler tout ce qui est excellent, comment ne serait-il pas souverainement ennemi des vertus de la femme, et ardent à l'avilir ?

Dans tous les siècles, il a mis une opiniâtre fureur à la représenter comme un être abject, à ne reconnaître en elle qu'envie, artifice, inconstance, vanité ; à lui dénier le feu sacré de l'amitié et l'incorruptibilité de

l'amour. Les femmes de quelque mérite, il les considéra toujours comme
des exceptions.

Mais les tendances généreuses de
l'humanité protégèrent la femme. Le
christianisme la releva, en proscrivant
la polygamie, en condamnant les
amours déshonnêtes, et en présentant,
après l'Homme-Dieu, comme la première des créatures humaines, comme
supérieure à tous les saints, et aux
anges eux-mêmes, une femme!

La société moderne ressentit l'influence de cet esprit d'amabilité. Dans
les temps que nous appelons barbares,
la chevalerie s'embellit par un culte
élégant de l'amour; et nous, chrétiens
civilisés, nous, fils de la chevalerie,
nous ne tenons pour bien élevé que
l'homme qui honore le sexe de la douceur, des grâces et des vertus domestiques.

Néanmoins l'antique ennemi des
nobles sentimens et de la femme est
resté dans le monde. Et plût à Dieu

qu'il n'eût à sa suite que les âmes
grossières, que les esprits infimes!
Mais il déprave quelquefois de beaux
génies, et toujours cette dépravation
se manifeste là où cesse la religion,
qui seule épure et sanctifie le cœur de
l'homme.

On vit des philosophes (c'est du
moins le nom qu'ils prenaient) qui,
pendant quelques heures, montraient
le zèle le plus ardent pour l'humanité,
et quelques heures après, saisis par un
esprit d'irréligion, dictaient des écrits
obcènes, et s'acharnaient à soulever
les plus vils penchans de l'homme par
des poèmes et des romans infâmes,
par des raisonnemens frivoles, par des
anecdotes et des fictions de toute espèce.

On vit le plus séduisant des écri-
vains, Voltaire (homme qui fit paraître quelquefois de bonnes qualités,
mais qui était corrompu au fond par
de viles passions, et par l'effrénée, l'i-
gnoble envie de faire rire), on vit, dis-

je, Voltaire composer, de gaîté de cœur, un long poème, où il immole au ridicule l'honneur de la femme, où il livre à la dérision la plus sublime héroïne qu'ait eue sa patrie, la magnanime et malheureuse Jeanne d'Arc. Madame de Staël appelait justement ce livre *un crime de lèse-nation.*

Des hommes obscurs ou célèbres, des auteurs vivans ou morts, l'impudence même de quelques femmes, qui se sont rendues indignes de leur sexe, naturellement si réservé, mille circonstances, en un mot, évoqueront souvent à vos yeux le génie des âmes vulgaires, qui dit : *Méprise la femme.*

Rejetez cette horrible tentation, ou vous-même, fils de la femme, vous serez méprisable. Eloignez vos pas de ceux qui, dans la femme, n'honorent pas leur mère. Foulez aux pieds les livres qui la ravalent, en prêchant l'immoralité. En considérant avec une haute estime la dignité de la femme, maintenez-vous digne de protéger celle

qui vous donna la vie, de protéger vos
sœurs, de protéger peut-être un jour
la créature qui acquerra le titre sacré
de mère de vos enfans.

CHAPITRE XX.

Dignité de l'homme.

Honorez la femme ; mais redoutez
les séductions de sa beauté, et plus encore celles de votre propre cœur.

Heureux, si vous ne vous affection-
nez vivement qu'à celle que vous voudrez et que vous pourrez choisir pour
la compagne de votre vie !

Tenez votre cœur libre de toute
chaîne d'amour, plutôt que de l'engager à une femme douée de peu de qualités. Un homme qui n'aurait pas des
sentimens élevés, pourrait être heu-

reux avec elle; vous, vous ne le pour-
riez jamais. Il vous faut ou une perpétuelle liberté, ou une compagne qui
réponde à la généreuse idée que vous
avez de l'humanité, et en particulier
de la femme.

Elle doit être une de ces âmes d'é-
lite, qui ont une haute intelligence du
beau, dans l'ordre de la religion et dans
l'ordre des sentimens. Prenez garde de
ne pas vous la forger telle dans votre
imagination, tandis qu'en réalité, elle
serait tout autre.

Si vous trouvez une telle femme; si
vous la voyez embrasée d'un véritable
amour pour Dieu; si vous la voyez capable de s'enflammer d'un noble enthousiasme pour toutes les vertus; si
vous la voyez attentive à faire tout le
bien qui est en son pouvoir; si vous la
voyez ennemie irréconciliable de toutes
les actions qui sont moralement basses;
si elle joint à ces qualités un esprit cultivé, sans aucune ambition de le faire
paraître; si, même avec cet esprit, elle

est la plus humble des femmes; si toutes
ses paroles et toutes ses actions respirent
la bonté, présentent un mélange intime
de naturel et d'élégance, expriment
des sentimens élevés, manifestent une
volonté fortement attachée à ses devoirs, une grande attention à ne blesser personne, à consoler ceux qui sont
dans la peine, à se servir de ses charmes
pour ennoblir les pensées d'autrui; si
vous trouvez une telle femme, aimez-
la d'un grand amour, d'un amour digne
d'elle.

Qu'elle soit pour vous comme un
ange tutélaire; voyez en elle une vive
expression de la loi divine, qui vous
éloigne de tout ce qui est mal, qui vous
porte à tout ce qui est bien. Dans toutes vos œuvres, songez à mériter son
approbation; songez à faire que sa
belle âme jouisse de vous avoir pour
ami; songez à l'honorer, non pas seulement devant les hommes, ce serait
peu de chose, mais surtout devant
Dieu, aux yeux de qui rien n'échappe.

Si cette femme possède un esprit aussi élevé, aussi fidèle à la religion, votre grand amour pour elle ne sera pas un excès, il ne sera pas une idolâtrie. Vous l'aimerez précisément parce que ses volontés seront en parfaite harmonie avec celles de Dieu; en contemplant les unes, vous contemplerez les autres, ou plutôt ce seront toujours les volontés de Dieu que vous contemplerez; au point que, s'il était possible que les volontés de votre compagne devinssent contraires à celles de Dieu, le délicieux enchantement se dissiperait, et vous ne l'aimeriez plus.

Ce noble amour est regardé comme chimérique par beaucoup d'âmes vulgaires; par celles qui n'ont pas l'idée d'une femme d'un esprit élevé : plaignez leur basse sagesse. Les attachemens purs, et en même temps moteurs énergiques de la vertu, sont possibles; quoique rares, il en est des exemples. Et les hommes devraient dire : « Ou ceux-là, ou aucun! »

CHAPITRE XXI.

Amours blâmables.

Mais prenez garde, je vous le répète, de vous laisser aller aux illusions de votre imagination, et de prendre pour un modèle de vertu une femme qui serait bien éloignée de l'être. Ce serait alors ce qu'on appelle un amour romanesque, un ridicule et malencontreux amour ; ce serait immoler indignement votre cœur aux pieds d'une vaine idole.

La femme estimable, et même estimable au suprême degré, existe, oui, elle existe sur la terre ; mais elles sont aussi en grand nombre, celles que l'éducation, les mauvais exemples et leur propre légèreté ont gâtées ; celles qui ne surent jamais s'élever jusqu'à ne mettre du prix qu'aux vœux de l'homme vertueux ; celles qui trouvent plus de plaisir à se voir courtisées pour leur beauté et pour les agrémens de leur esprit, qu'à mériter l'amour par la noblesse de leurs sentimens.

Des femmes si imparfaites sont ordinairement très-dangereuses, et plus dangereuses que celles qui sont tout-à-fait avilies. Elles séduisent, non-seulement par leurs grâces et par leurs manières étudiées, mais souvent aussi par quelques vertus, qui font naître l'espoir que le bon l'emporte en elles sur le mauvais. N'accueillez pas cet espoir, dès que vous voyez dans ces femmes beaucoup de vanité, ou d'autres graves défauts. Jugez-les sévèrement, non sans doute pour en dire du mal, ni pour exagérer leurs torts, mais pour les fuir à temps, si vous craignez de tomber dans des lacs peu honorables.

Plus vous êtes aimant par caractère, et disposé à vénérer la femme de mé-

rite, plus vous devez vous faire une
obligation de ne pas vous contenter,
dans une femme, de vertus médiocres,
pour lui donner le nom d'amie.

Les jeunes gens, d'une morale plus
large, et les jeunes personnes qui leur
ressemblent, se moqueront de vous, et
diront que vous êtes hautain, sauvage,
bigot. N'importe : méprisez leurs jugemens. Vous ne devez être ni hautain,
ni sauvage, ni bigot ; mais vous ne devez jamais prostituer vos affections.
Soyez ferme à tenir votre cœur libre,
ou à n'en faire hommage qu'à une
femme qui ait plein droit à votre estime.

Celui qui aime une femme de mérite ne perd pas son temps à la courti-
ser servilement, à l'enivrer d'adula-
tions et de vains soupirs. Elle ne le
souffrirait pas. Elle aurait honte d'a-
voir pour amant un homme désœuvré,
langoureux ; elle ne sait apprécier que
l'amitié de l'homme qui, simple et
bon, plein de réserve et de dignité, est

moins empressé de lui parler d'amour,
que de lui plaire par de louables principes et d'honorables actions.

La femme qui souffre à ses pieds
un homme puérilement esclave, ployé
à supporter bassement ses mille capri-
ces, uniquement occupé d'afféteries et
de gentillesses amoureuses, laisse bien
voir qu'elle n'a une idée élevée ni de
lui ni d'elle-même. Et celui qui se
complaît dans une telle vie, celui qui
aime sans aucune noble vue, sans se
proposer de devenir meilleur, en ren-
dant hommage à une grande vertu, celui-là consume misérablement son esprit et son cœur, et il est difficile qu'il
lui reste assez d'énergie pour faire jamais au monde quelque chose de bon.
Je ne parle pas des femmes de mauvai-
ses mœurs; l'homme honnête en a
horreur, et c'est une grande ignominie
d'avoir avec elles la moindre relation.

Quand une femme vous a paru digne
de votre amour, ne vous abandonnez pas
aux soupçons, aux jalousies, à l'indiscrè-

te prétention d'être follement idolâtré.

· Choisissez bien , et puis aimez sans vous tourmenter, et sans tourmenter celle qui a fixé votre choix, par de fâcheux transports; sans vous troubler, si elle n'est pas aveugle sur l'amabilité des autres, sans exiger qu'elle ait des spasmes de tendresse pour vous.

Soyez-lui dévoué pour être juste, pour payer un tribut d'amour et de gracieux servage à un mérite supérieur, pour vous élever à la hauteur d'une créature qui vous paraît grande; et non pour qu'elle porte son amour pour vous au-delà du degré qu'il est en son pouvoir de vous témoigner.

Les jaloux, ceux qui frémissent de rage de n'être pas assez aimés, sont de vrais tyrans. Ne peut-on obtenir un plaisir quel qu'il soit, sans devenir méchant? on doit renoncer à ce plaisir. Ne peut-on aimer sans devenir tyran, ou sans se rabaisser par quelque autre action indigne? on doit alors renoncer à l'amour.

CHAPITRE XXII.

Respect dû aux jeunes filles et aux femmes des autres.

Soit que vous demeuriez dans le célibat, soit que vous vous engagiez dans le mariage, ayez un grand respect pour ces deux états.

Rien de plus délicat que l'innocence et la réputation d'une jeune fille. Ne vous permettez jamais, à l'égard d'aucune d'elles, la moindre liberté de manières ou de paroles, qui puisse le moins du monde profaner ses pensées ou troubler son cœur. Ne vous permettez, ni en sa présence, ni en son absence, aucune parole qui puisse la rendre suspecte aux autres de légèreté d'esprit, et de facilité à l'amour. Les plus lé-

gères apparences suffisent pour ter-
nir l'honneur d'une jeune fille, pour
éveiller contre elle la calomnie, pour
lui faire peut-être manquer un mariage
qui l'aurait rendue heureuse.

Si vous sentez votre cœur palpiter
d'amour pour une jeune personne,
sans pouvoir aspirer à sa main, ne lui
découvrez point votre flamme, cachez-
la-lui au contraire avec le plus grand
soin. Se sachant aimée, elle pourrait
s'enflammer pour vous, et devenir par
suite victime d'une passion malheureuse.

Si vous vous apercevez que vous
ayez inspiré de l'amour à une jeune
personne que vous ne vouliez ou que
vous ne puissiez pas épouser, ayez
égard à son repos et à son honneur;
cessez entièrement de la voir. S'applaudir d'avoir excité dans une malheureuse innocente un délire, qui ne
peut avoir d'autre résultat pour elle
que l'affliction et la honte, c'est la plus
exécrable des vanités.

Ne soyez pas moins circonspect avec les femmes mariées. Un fol amour qui s'allumerait entre l'une d'elles et vous, pourrait vous entraîner tous les deux dans un grand malheur, dans une grande ignominie. Vous y perdriez moins qu'elle; mais la pensée de la perte bien plus considérable que fait une femme qui s'expose à mériter le mépris de son mari et d'elle-même, cette pensée-là même, si vous êtes généreux, doit vous faire trembler de son péril. Ne l'y laissez pas un instant ; retranchez absolument un amour que Dieu condamne, et que proscrivent aussi les lois des hommes. Votre cœur et celui de la femme que vous aimez saigneront en se séparant : n'importe. La vertu exige des sacrifices: celui qui ne sait pas les accomplir est un homme sans cœur.

Entre une femme mariée et un homme autre que son mari, toute relation, pour être innocente, doit se borner à l'échange d'une juste estime, fondée sur une mutuelle connaissance

de leurs vertus, sur la conviction qu'il
y a des deux parts, avant tout autre
amour, un amour inébranlable de ses
propres devoirs.

Ayez horreur, comme d'une insigne
immoralité, de ravir à un mari l'amour
de sa femme. S'il est digne d'en être
aimé, votre perfidie est un crime atroce.
S'il n'est pas un mari estimable, ses
fautes ne vous autorisent pas à dégrader sa malheureuse compagne. Pour
la femme d'un mauvais mari, il n'y a
pas de choix : elle doit se résigner à le
supporter et à lui être fidèle. Celui
qui, sous prétexte de vouloir la consoler, l'entraîne à un amour coupable,
est un cruel égoïste. Et quand il serait
conduit par une tendre compassion,
cet attendrissement est illusoire, funeste, condamnable. En inspirant de
l'amour à cette femme, vous augmente-
riez son malheur ; vous ajouteriez à
l'angoisse qu'elle éprouve d'avoir un
mari peu aimable, celle de le haïr de
plus en plus, en vous aimant, et en

s'exagérant vos bonnes qualités; vous
y ajouteriez peut-être tous les tour-
mens de la jalousie de son mari ; vous
y ajouteriez les déchirans remords
d'une femme qui se sent coupable. La
femme malheureuse ne peut avoir la
paix qu'en se maintenant irréprochable. Celui qui lui promet une autre
paix, la trompe, et la précipite dans un
abîme de douleurs.

A l'égard des femmes qui vous sont
chères pour leurs vertus, ayez soin,
comme à l'égard des jeunes filles, de
ne pas faire naître d'injurieux soupçons au sujet de l'amitié que vous
aurez pour elles. Prenez garde à la
manière dont vous en parlerez aux
hommes habitués aux jugemens abjects. Ces hommes font toujours con-
corder les suppositions avec la perversité de leur propre cœur. Interprètes
infidèles de ce qu'on leur dit, ils donnent un mauvais sens aux discours les
plus simples; aux faits les plus inno-
cens. Ils imaginent des mystères où il

n'y en a pas l'ombre. Pour conserver sans tache la réputation d'une femme, aucun soin n'est de trop. Cette réputation, après sa vertu, est son plus précieux trésor. Celui qui n'est pas jaloux de le lui conserver, celui qui est assez vil pour se complaire à voir les autres supposer dans une femme quelque faiblesse pour lui, est un méchant homme qui mériterait d'être chassé de toute bonne compagnie.

CHAPITRE XXIII.

Mariage.

Si l'inclination de votre cœur et vos convenances particulières vous déterminent au mariage, marchez à l'autel avec de saintes pensées, avec une véritable résolution de rendre heureuse celle qui vous confie le soin de ses jours, celle qui abandonne le nom de ses pères pour prendre le vôtre, celle qui vous préfère à tout ce qu'elle eut de cher jusqu'alors, et qui espère, devenue votre épouse, donner la vie à de nouvelles créatures intelligentes, appelées à posséder Dieu.

Triste preuve de l'inconstance humaine! La plupart des mariages se contractent par amour, sont accompagnés de pensées solennelles, et scellés par une pleine volonté d'en bénir les nœuds jusqu'à la mort : et deux ans, quelquefois peu de mois après, le couple uni cesse de s'aimer, se supporte avec peine, s'offense par de mutuels reproches, et par une négligence mutuelle de toute complaisance.

D'où vient cela ? D'abord de ce que ceux qui se marient se sont trop mal connus avant leurs noces. Soyez prudent dans votre choix ; assurez-vous des bonnes qualités de la personne que vous aimez, ou vous êtes perdu. Puis, la désaffection vient de la lâcheté des époux qui cèdent à la tentation de l'inconstance, de leur défaut d'attention à se dire chaque jour à eux-mêmes : « La résolution que j'ai prise était sage, je veux être ferme à la maintenir. »

Ici, comme dans toute autre circonstance de la vie, vous devez observer avec quelle prodigieuse facilité l'homme passe du bien au mal; vous devez observer que ce qui le rend méprisable, c'est toujours le manque d'une volonté forte; que ce qui remplit la société de désastres et de turpitudes, c'est la rareté des caractères fermes.

Un mariage ne peut être heureux qu'à cette condition : chacun des époux doit se prescrire, pour premier devoir, cette invariable résolution : Je veux toujours aimer et honorer le cœur auquel j'ai donné empire sur le mien.

Si le choix a été bon, si l'un des cœurs n'était pas déjà perverti, il n'est point vrai qu'il puisse se pervertir et devenir ingrat, alors que l'autre le comble d'attentions aimables, et d'un généreux amour.

On n'a jamais vu un mari à qui l'on n'eût point à reprocher une indigne grossièreté envers sa femme, ou au moins d'indignes négligences, ou d'autres vices, et qui cependant, après lui avoir été cher une fois, ait cessé de l'être.

L'âme de la femme est naturellement douce, reconnaissante, disposée à aimer au plus haut degré l'homme qui est constant à l'aimer elle-même, et à mériter son estime. Mais comme elle est très-sensible, elle s'indigne aisément du défaut d'amabilité de son mari, et de tous les torts qui peuvent le dégrader. Et cette indignation peut la porter à une invincible antipathie et à tous les égaremens qui en sont la suite. La malheureuse sera grandement coupable alors ; mais la cause première de ses fautes, ce sera bien le mari.

Qu'elle ne s'efface jamais de votre

esprit, cette persuasion: aucune femme, bonne au jour de ses noces, ne perd sa bonté dans la société d'un époux qui continue d'avoir droit à son amour.

Pour avoir toujours droit à l'amour d'une épouse, il faut ne pas faiblir de mérite à ses yeux; il faut que l'intimité conjugale n'ôte rien au respect, aux attentions que le mari avait pour elle avant de la conduire à l'autel; il ne faut ni qu'il devienne sottement esclave de sa femme, et par là incapable de la diriger; ni qu'il fasse peser sur elle le joug d'une autorité despotique, et la reprenne avec âpreté. Il faut que toute la conduite du mari fasse concevoir à sa compagne une haute opinion de sa raison et de sa droiture; il faut qu'elle puisse se faire gloire de partager son sort et d'être sous sa loi; il faut que sa dépendance de femme ne lui soit point imposée par la hauteur de son mari, mais qu'elle lui soit inspirée par l'amour, par le sentiment de la dignité véritable de son époux et de la sienne propre.

L'excellent choix que vous pourrez avoir fait d'une femme, et la certitude que vous aurez des éminentes vertus dont elle est ornée, ne doivent pas vous faire regarder comme moins né-cessaire de votre part, une continuelle attention à être aimable à ses yeux. Ne dites pas : « Elle est si parfaite, qu'elle me pardonne tous mes torts ; je n'ai nul besoin de m'étudier à m'en faire chérir, elle m'aime toujours également. »

Quoi ! parce qu'elle est bonne à ce point, vous seriez moins attentif à lui plaire ! Ne vous faites pas illusion : précisément parce que son esprit est exquis, l'insouciance, le laisser-aller, la grossièreté, lui causeront plus de peine, plus de dégoût. Plus est grande l'aménité de ses manières et la délicatesse de ses sentimens, plus est grand chez elle le besoin de trouver en vous ces qualités au même degré. Si elle est déçue dans son attente, si elle

vous voit passer de la séduisante ga-
lanterie d'un amant à l'insultante insouciance d'un mauvais mari, par vertu
elle s'efforcera long-temps de vous aimer, malgré votre indignité; mais vains
seront ses efforts. Elle vous pardonnera, mais elle ne vous aimera plus,
et sera malheureuse. Oh! si alors sa
vertu n'était pas à toute épreuve, et si
un autre homme venait à lui plaire! son
cœur, mal apprécié, mal gardé de vous,
pourrait devenir la proie d'une passion
coupable, d'une passion funeste à son
repos, au vôtre, à celui de vos enfans.

Beaucoup de maris sont dans ce cas,
et les femmes qu'ils maudissent aujourd'hui, furent un jour vertueuses.
Les malheureuses s'égarèrent, parce
qu'elles n'étaient pas aimées!

Quand vous avez donné à une femme
le titre sacré d'épouse, vous devez vous
consacrer à son bonheur, comme elle
doit se consacrer au vôtre; mais l'obligation qui pèse sur vous est plus rigoureuse, parce que la femme est une

créature plus faible ; et vous, qui avez la force en partage, vous lui devez plus particulièrement le bon exemple, et toute sorte de secours.

CHAPITRE XXIV.

Amour paternel. — Amour de l'enfance et de la jeunesse.

———

Donner de bons citoyens à la patrie, donner à Dieu même des âmes dignes de lui : telle sera votre charge si vous avez des enfans. Charge sublime ! Celui qui l'accepte et la trahit, est le plus grand ennemi de la patrie et de Dieu.

Il n'est pas nécessaire d'énumérer les vertus que doit avoir un père : vous les aurez toutes, si vous êtes d'abord bon fils et bon époux. Les mauvais pères furent tous des fils ingrats et d'ignobles maris.

Mais avant même que vous ayez des enfans, lors même que vous ne devriez jamais en avoir, embellissez votre âme par le doux sentiment de l'amour paternel. Tout homme doit le nourrir en son âme, et le porter sur tous les enfans, sur tous les jeunes gens.

Regardez avec un grand amour cette partie nouvelle de la société; regardez-la avec un grand respect.

Quiconque méprise ou afflige injustement l'enfance, devient pervers, s'il ne l'est déjà. L'homme qui ne met pas la plus grande attention à respecter l'innocence d'un enfant, à ne pas lui apprendre le mal, à veiller à ce que les autres ne le lui apprennent, à faire en sorte qu'il s'enflamme d'amour pour la vertu, et pour elle seule, cet homme peut être cause que cet enfant deviendra un monstre. Mais pourquoi substituer de faibles expressions aux saintes et terribles paroles sorties de la bouche de l'adorable ami des enfans, le Rédempteur? « Quiconque reçoit en mon

» nom, dit-il, un enfant comme celui-
» ci, c'est moi-même qu'il reçoit. Mais
» celui qui scandalise un de ces petits
» qui croient en moi, il vaudrait mieux
» pour lui qu'on lui attachât au cou
» une meule de moulin, et qu'on le
» précipitât au fond de la mer. »

Ceux qui sont beaucoup moins âgés
que vous, sur qui, pour cette raison,
votre exemple et votre parole peuvent
avoir de l'autorité, considérez-les tous
comme vos enfans ; traitez-les avec ce
mélange de zèle et d'indulgence, qui
est propre à les éloigner du mal, et à
les exciter au bien.

Les enfans sont imitateurs de leur
nature. Si les hommes qui entourent
un enfant sont pieux, pleins de dignité,
aimables, cet enfant brûlera du désir
de leur ressembler, et il y arrivera.
S'ils sont irréligieux, abjects dans leurs
sentimens malveillans, l'enfant, imbu
de leurs erreurs et de leurs vices, sera
détestable comme eux.

Même à l'égard des enfans et des

jeunes garçons que vous ne voyez pas
fréquemment, et à qui peut-être vous
n'aurez occasion de parler qu'une fois
en votre vie, montrez-vous bon ; dites-
leur, si l'occasion s'en présente, une
parole de vertu. Cette parole, ce regard
honnête, pourra les retirer d'une basse
pensée, leur inspirer la volonté de mériter l'estime des gens de bien.

Si un jeune homme de belle espé-
rance met sa confiance en vous, soyez
pour lui un généreux ami ; venez à son
aide par de fermes et sages conseils ; ne
le flattez jamais ; applaudissez à ses
actions louables ; ce sera fort bien ; mais
retirez-le, par un blâme énergique,
des actions indignes.

Si vous voyez un jeune homme
tourner au vice, quand même vous ne
seriez pas dans son intimité, ne négligez
pas, lorsque vous en aurez l'occasion,
de lui tendre la main pour le sauver.
Quelquefois le jeune homme qui prend
la mauvaise voie n'aurait besoin que
d'un cri, d'un signe, pour en avoir

honte, revenir sur ses pas, et rentrer dans le chemin de la vertu.

Quelle est l'éducation morale que vous devez donner à vos enfans? Vous ne le comprendriez pas, si vous ne commenciez par vous en donner une excellente à vous-même.

Travaillez-y, et vous réussirez à en donner une pareille à vos enfans.

CHAPITRE XXV.

Des richesses.

La religion et la philosophie louent de concert la pauvreté, quand elle est accompagnée de la vertu, et la préfèrent de beaucoup à l'amour toujours inquiet des richesses. Elles accordent néanmoins qu'un homme peut être riche, et avoir autant de mérite que les meilleurs d'entre les pauvres.

Il faut pour cela qu'il ne soit pas
l'esclave de ses richesses; qu'il ne les
recherche et ne les conserve pas pour
en faire un mauvais usage; qu'il n'ait
même en vue, dans leur emploi, que
l'intérêt de ses semblables.

Honneur à toutes les conditions honnêtes de la société, et par là même aux
riches! pourvu que leur fortune tourne
au profit d'un grand nombre; pourvu
que les jouissances et le faste ne les
rendent pas indolens et superbes.

Pour vous, vous demeurerez vrai-
semblablement dans la condition où
vous êtes né, également éloigné de l'o-
pulence et de la détresse. Ne laissez
pas s'attacher à vous cette haine basse
contre les riches, qui ronge souvent
les pauvres et les hommes d'une fortune médiocre. Cette haine prend ordinairement le ton grave du langage
philosophique. Ce sont de chaudes déclamations contre le luxe, contre l'injustice des fortunes disproportionnées,

contre l'arrogance des heureux et des puissans du monde. C'est, en apparence, une soif magnanime d'égalité; c'est un vif désir de voir soulager les nombreuses misères de l'humanité. Que tout cela ne vous fasse pas illusion, quoique cette cause soit soutenue par des hommes d'un certain renom, et dans les écrits d'une foule de pédans fort diserts, qui achètent, par des flatteries, les applaudissemens de la multitude. Dans cette noble fureur, il y a plus d'envie, d'ignorance et de calomnie, que de zèle pour la justice (19).

L'inégalité des fortunes est inévitable, et il en dérive des biens et des maux. Celui qui maudit le riche avec tant de violence se mettrait souvent volontiers à sa place; autant vaut donc que celui qui se trouve dans l'opulence y demeure. Il est très-peu de riches qui ne dépensent leur or; et en le dépensant, ils coopèrent tous au bien public de mille manières, avec plus ou moins

8.

de mérite, et même quelquefois sans
mérite. Ils donnent du mouvement au
commerce, au perfectionnement du
goût, à l'émulation des arts, aux espérances infinies de celui qui veut
échapper à la pauvreté par le moyen
de l'industrie. Ne voir dans les riches
qu'oisiveté, mollesse, inutilité, c'est
en faire une sotte caricature. Si l'or
engourdit les uns, il porte les autres à
de nobles actions. Il n'est pas, dans le
monde, de ville civilisée, où les riches
n'aient fondé et n'entretiennent d'importans établissemens de bienfaisance;
il n'est pas de lieu où ils ne soient, iso-
lément ou ensemble, les soutiens des
malheureux. Vous devez donc les regarder sans colère comme sans envie, et ne
pas vous abaisser à répéter les propos dé-
nigrans du vulgaire. N'ayez à leur égard
ni animosité ni servilité, comme vous ne
voudriez trouver ni servilité ni animosité à votre égard, dans ceux qui sont
moins riches que vous.

Soyez sagement économe des moyens

de fortune que vous avez; fuyez également l'avarice qui endurcit le cœur et mutile l'intelligence, et la prodigalité qui conduit à de honteux emprunts et à des intrigues peu honorables.

Il est permis de chercher à augmenter ses richesses, mais ce doit être sans honteux désirs, sans inquiétudes immodérées, sans oublier jamais que le véritable honneur et le véritable bonheur ne dépendent pas des richesses, mais bien de la noblesse de l'âme, aux yeux de Dieu et aux yeux des hommes.

Si votre prospérité augmente, votre bienfaisance doit augmenter dans la même proportion.

On peut être riche et avoir toutes les vertus; mais être un riche égoïste, c'est une véritable scélératesse. Celui qui a beaucoup doit aussi donner beaucoup : un devoir aussi sacré ne laisse aucun subterfuge.

Ne refusez pas du secours au mendiant; mais ce ne doit pas être là votre unique aumône. Une aumône bien grande et bien entendue, c'est celle qui procure aux pauvres un moyen de vivre plus honnête que la mendicité : pour cela il ne faut que donner aux différentes professions, libérales ou communes, du travail et du pain. ⁓

Pensez quelquefois que des événemens imprévus peuvent vous dépouiller de l'héritage de vos pères, et vous jeter dans la misère. Combien n'avons-nous pas d'exemples d'un pareil renversement de fortune ? Aucun riche ne peut dire : « Je ne mourrai pas dans l'exil et dans le malheur. »

Jouissez de vos richesses avec ce généreux détachement que les philosophes de l'Eglise, avec l'Evangile, appellent *pauvreté d'esprit.*

Voltaire, dans ses momens de scurrilité, a feint de croire que *la pauvreté d'esprit* recommandée par l'Évangile est synonyme d'*imbécillité.* Loin de là, cette vertu consiste à conserver, même au milieu des richesses, un esprit humble et ami de la pauvreté,

capable de la supporter dans l'occasion, et de la respecter dans les autres ;
vertu qui exige tout autre chose que
de l'imbécillité ; vertu qui ne peut
prendre sa source que dans l'élévation
de l'esprit et dans une haute sagesse.
« Voulez-vous cultiver votre âme, dit
» Sénèque, vivez pauvre, ou comme si
» vous étiez pauvre. »

Si vous tombez dans la détresse, ne
perdez point courage. Travaillez pour
vivre, sans en rougir. Celui qui est
dans le besoin peut être un homme
aussi estimable que celui qui l'assiste.
Mais alors sachez renoncer de bonne
grâce aux habitudes de la richesse.
N'offrez pas le ridicule et piteux spectacle d'un pauvre orgueilleux, qui
ne veut pas pratiquer les vertus qui
conviennent si fort au pauvre : une
humilité pleine de dignité, une stricte
économie, une patience invincible dans
le travail, une aimable sérénité d'esprit en dépit de la mauvaise fortune.

CHAPITRE XXVI.

Respect au malheur. — Bienfaisance.

Honneur à toutes les conditions honnêtes de l'humanité, et aux pauvres aussi par conséquent ! pourvu qu'ils fassent servir leur malheur à leur amélioration morale, pourvu qu'ils ne se croient pas autorisés par là aux vices et à la malveillance.

Ne mettez cependant pas à les juger une rigueur inflexible. Ayez pitié même de ces pauvres qui se laissent quelquefois emporter à l'impatience et à la rage. Pensez que c'est une chose bien dure de souffrir toutes sortes de misères sur un chemin ou dans un taudis, tandis que, à deux pas du malheureux, passent des hommes supérieurement vêtus et nourris. Pardonnez-lui, s'il a la faiblesse de vous regarder avec envie, et ne laissez pas de subvenir à ses besoins, parce qu'il est homme.

Respectez le malheur dans tous ceux qui en sont frappés, lors même qu'ils ne sont pas dans une absolue indigence, lors même qu'ils ne vous demandent aucun secours.

Regardez avec une affectueuse compassion tous ceux qui vivent dans le malaise et la peine, et qui sont, par rapport à vous, dans un état d'infériorité. Ne leur faites jamais sentir par d'arrogantes manières la différence de votre fortune. Ne les humiliez jamais par d'âpres paroles, pas même quand ils vous déplairaient par leur grossièreté ou quelque autre défaut.

Rien n'est consolant, pour le malheureux, comme de se voir traité avec de tendres égards par ceux qui sont au-dessus de lui : son cœur s'emplit d reconnaissance, et alors il comprend pourquoi le riche est riche, et il lui pardonne sa fortune, parce qu'il l'en juge digne.

Ils ont beau payer grandement leurs domestiques, les maîtres qui joignent la morgue à la brutalité ne savent que se faire haïr.

Ce serait une grande immoralité de vous faire détester de vos inférieurs : 1° parce qu'alors vous seriez méchant vous-même; 2° parce que vous aggraveriez leurs peines, au lieu de les alléger; 3° parce que vous les habitueriez à vous servir déloyalement, à avoir horreur de la dépendance, à maudire la classe entière de ceux qui sont plus riches qu'eux. Et comme il est juste que tous les hommes jouissent de la plus grande somme possible de bonheur, celui qui est dans les rangs élevés de la société doit faire en sorte que ses inférieurs ne trouvent pas leur condition insupportable, mais même qu'ils s'y attachent, voyant qu'elle n'est méprisée de personne, et que le riche prend soin de l'adoucir par d'honnêtes consolations.

Soyez prêt à venir de toutes manières au secours de ceux qui peuvent avoir besoin de vous : aidez-les de vos deniers et de votre protection, quand vous le pouvez ; de vos conseils, dans l'occasion, et toujours de vos bons procédés et de vos bons exemples.

Mais surtout si vous voyez le mérite opprimé, n'épargnez rien pour le relever ; ou si vous ne le pouvez pas, mettez au moins tous vos soins à le consoler et à lui rendre honneur.

Rougir de témoigner de l'estime à l'honnête homme malheureux, c'est de toutes les bassesses la plus indigne. Cependant vous ne la trouverez que trop commune ; n'en soyez que plus attentif à en éviter la contagion.

Quand un homme est malheureux, le commun des hommes est porté à lui donner tort, à supposer que ses en-

nemis ont leurs raisons pour le vili-
pender et le tourmenter. Si ses ennemis lancent une calomnie pour se
justifier, eux, et diffamer l'homme
vertueux, cette calomnie, quand elle
aurait toute l'invraisemblance possible, n'est que trop souvent accueillie,
et cruellement répétée. Le peu d'honnêtes gens qui font tous leurs efforts
pour la détruire sont rarement écou-
tés. On dirait que la plupart des hommes sont heureux, quand ils peuvent
croire au mal.

Ayez horreur de cette fâcheuse tendance. Lorsque vous entendez retentir les accusations, ne dédaignez jamais
d'écouter la défense ; et quand aucune
apologie ne se ferait entendre, soyez
vous-même assez généreux pour en pré-
sumer quelqu'une. N'ajoutez foi à la
faute, que lorsqu'elle est manifeste ;
mais faites attention que tous ceux qui
sont mus par la haine produisent comme
certaine plus d'une faute qui ne l'est
point. Si vous voulez être juste, fermez

votre âme à la haine : la justice de ceux qui haïssent n'est qu'une rage de Pharisiens.

Dès que le malheur a frappé un homme, eût-il été votre ennemi, eût-il dévasté votre patrie, ce serait une bassesse indigne de contempler son infortune avec un superbe triomphe. Si l'occasion l'exige, parlez de ses torts, mais avec moins de véhémence que vous ne l'eussiez fait au temps de sa prospérité. Parlez-en même avec la pieuse attention de ne pas les exagérer, de ne pas les isoler des mérites qui brillèrent aussi dans cet homme.

Elle est belle toujours la tendre pitié pour les malheureux, même pour les coupables. La loi, sans doute, a le droit de les condamner ; l'homme n'a jamais celui de se réjouir de leur affliction, ni de rembrunir encore les couleurs sous lesquelles ils se présentent.

L'habitude de la pitié vous inspirera quelquefois de la bienveillance pour des ingrats. N'en concluez pas dédai-

gneusement que tous les hommes le
sont, ne laissez pas votre cœur se fermer à la bonté et à la générosité. Au
milieu des ingrats, se trouve l'homme
reconnaissant, digne de vos bienfaits,
et ces bienfaits ne tomberaient pas sur
lui, si vous ne les répandiez sur beaucoup d'autres. Les bénédictions de ce
seul homme compenseront pour vous
l'ingratitude de dix autres.

D'ailleurs, quand vous ne rencon-
treriez jamais la reconnaissance, votre
récompense alors, ce sera le sentiment
de la bonté de votre cœur. Il n'est rien
de plus délicieux que d'être compatis-
sant, et de s'employer de toutes ses
forces à soulager l'infortune des autres. Le plaisir que l'on goûte alors
surpasse de beaucoup la douceur qu'on
éprouve en recevant des secours soi-
même, parce qu'il n'y a pas de vertu à
les recevoir, et qu'il y en a beaucoup
à les donner.

Mettez de la délicatesse dans vos
bienfaits, à l'égard de tout le monde,

mais plus encore à l'égard des personnes qui méritent particulièrement le
respect, à l'égard des femmes timides
et honnêtes, à l'égard de ceux qui sont
novices encore dans le rude apprentissage de la pauvreté, et qui souvent
aiment mieux dévorer en secret leurs
larmes, que de prononcer cette dé-
chirante parole : *J'ai faim.*

Outre ce que vous donnerez en votre particulier, *sans qu'une main sache
ce que l'autre donne,* comme dit l'Evangile, unissez-vous encore à d'autres
âmes généreuses, pour multiplier les
moyens de faire le bien, pour fonder
d'utiles institutions, et pour maintenir
celles qui existent.

La religion ne dit-elle pas aussi :
*Providentes bona non tantum coram Deo,
sed etiam coram omnibus hominibus :*
« Ayez soin de faire le bien, non-seulement devant Dieu, mais encore devant tous les hommes. » (*Epist. Paul.
ad Rom.* cap. XII.)

Il est d'excellentes choses qu'un in-

dividu isolé ne pourrait faire, et qui
ne permettent pas le secret. Aimez les
associations de bienfaisance, et si vous
le pouvez, travaillez à en établir; rani-
mez-les, lorsqu'elles sont engourdies,
redressez-les, lorsqu'elles sont faussées.
Ne vous laissez pas décourager par les
moqueries dont les avares et les hommes inutiles poursuivent toujours les
âmes actives, qui se dévouent pour le
bien de l'humanité.

CHAPITRE XXVII.

Estime du savoir.

Si votre emploi ou les embarras domestiques ne vous laissent pas beaucoup de temps à consacrer aux livres,
défendez-vous d'un penchant vulgaire,
auquel se laissent ordinairement aller

ceux qui, tout-à-fait ou à peu près, ont dit adieu aux études : celui d'abhorrer tout le savoir qu'ils n'ont pas acquis ; de sourire à la vue de ceux qui font grand cas de la culture de l'esprit ; d'appeler de leurs vœux l'ignorance, comme un bienfait social.

Méprisez le faux savoir : il est funeste ; mais estimez le savoir véritable, qui est toujours utile. Estimez-le, soit que vous le possédiez, soit que vous n'ayez pu arriver à le posséder.

Tâchez même toujours de faire vous-même quelque progrès, ou en continuant de cultiver plus spécialement une science, ou au moins en lisant de bons livres en divers genres. Cet exercice de l'intelligence est important pour un homme de haute condition, non-seulement pour l'honnête plaisir et les connaissances qu'il peut en retirer, mais encore parce que la réputation d'homme instruit et ami des lumières lui donnera plus d'influence sur les autres, lorsqu'il s'agira de les déterminer à se bien conduire. L'envie n'est déjà que trop portée à décréditer l'homme de bien : si elle a quelque raison ou quelque prétexte pour l'appeler ignorant ou fauteur d'ignorance, les bonnes œuvres qu'il faisait auparavant, sans effaroucher personne, seront alors vues de mauvais œil par le public, seront dénigrées, et entravées à toute force.

La cause de la religion, de la patrie, de l'honneur, réclame des champions forts, d'abord d'intentions vertueuses, puis de savoir et d'amabilité. Il faudrait que les méchans ne pussent jamais dire avec quelque raison : « Vous n'êtes pas instruits, et vous n'êtes pas aimables. »

Mais pour obtenir la considération attachée à la science, ne feignez jamais des connaissances que vous ne possédez pas. Toutes les impostures sont des turpitudes, sans excepter la mensongère ostentation d'une science qu'on n'a pas. De plus, il n'est pas d'imposteur dont le masque ne tombe tôt ou tard, et alors il est perdu.

Tout le prix que nous devons attacher au savoir ne doit pas non plus nous en rendre idolâtres. Désirons de le posséder; souhaitons cette possession aux autres; mais si nous n'avons pu en acquérir beaucoup, sachons nous en consoler, et montrons-nous toujours avec candeur tels que nous sommes. Les grandes connaissances sont bonnes, sans doute; mais ce qui, en dernier résultat, vaut le mieux pour l'homme, c'est la vertu; et celle-ci heureusement peut fort bien coexister avec l'ignorance.

Ainsi, êtes-vous très-instruit? ne méprisez pas pour cela l'ignorant. Le savoir est comme la richesse; il est désirable, parce qu'il rend un homme plus capable d'être utile aux autres; mais comme celui qui ne l'a pas peut toutefois être un bon citoyen, il a droit au respect. Répandez des lumières sur les classes inférieures de la société. Mais quelles sont les lumières que

vous devez répandre sur elles? Ce ne
sont pas celles qui ne pourraient leur
donner que des notions vagues et superficielles, un esprit sentencieux et méchant; ce ne sont point les déclamations
outrées qui plaisent tant dans les dra-
mes et les romans vulgaires, où toujours
les hommes de la dernière classe sont
représentés comme des héros, et ceux
des classes élevées comme des scélé-
rats; où, pour faire abhorrer la société,
on la représente sous de fausses couleurs; où tous les rangs sont confon-
dus, tous les devoirs méconnus; où les
brigands eux-mêmes sont représentés
comme admirables, afin de rendre
odieux ceux qui ne les admirent pas.

Les lumières qu'on doit répandre
sur les ignorans de la basse classe sont
celles qui les préservent de l'erreur
et de l'exagération; celles qui, sans
en faire de lâches adorateurs des
hommes plus instruits ou plus puissans qu'eux, leur donnent une noble disposition au respect, à la bien-

veillance, et à la reconnaissance; celles qui les éloignent des violentes et sottes idées d'anarchie ou de gouvernement populaire ; celles qui leur apprennent à exercer, avec une religieuse dignité, les obscurs, mais honorables emplois auxquels la Providence les a appelés: celles qui leur font comprendre que les différences sont nécessaires, quoique, par la vertu, nous puissions être tous égaux devant Dieu.

CHAPITRE XXVIII.

Aménité.

Ayez de l'aménité à l'égard de tous ceux avec qui vous aurez quelque relation. Cette aménité , en vous inspirant des manières affectueuses, vous disposera à aimer véritablement. Celui

qui prend un extérieur maussade, dé-
daigneux, respirant la défiance, s'ache-
mine à la malveillance. Ainsi, la grossièreté produit deux grands maux :
d'abord elle gâte l'esprit de celui qui
ne s'en garde pas ; ensuite elle exas-
père ou afflige le prochain.

Mais ne vous étudiez pas seulement
à être gracieux dans vos manières; faites en sorte que cette aménité pénètre
toutes vos imaginations, toutes vos volontés, tous vos sentimens.

L'homme qui, au lieu d'être attentif
à dégager son esprit des idées ignobles,
leur ouvre fréquemment son âme, est
souvent aussi entraîné par elles à de
blâmables actions.

On voit quelquefois des hommes,
même dans les classes élevées de la société, qui se plaisent à faire des plaisanteries grossières, et à tenir des discours
inconvenans; ne les imitez pas. Vous devez éviter dans votre langage une élégance recherchée, et aussi une dégoûtante
trivialité, et toutes ces sottes exclama-

tions que les gens mal élevés intercalent dans tous leurs propos, et tous les lazzi que trop de gens se permettent contre les mœurs.

Mais cette délicatesse de langage, vous devez vous la proposer dès votre première jeunesse. Celui qui n'y est pas formé à l'âge de vingt-cinq ans, ne l'acquiert jamais. Votre langage doit offrir, non, comme je vous l'ai dit, une élégance recherchée, mais des paroles honnêtes, élevées, portant dans l'âme des autres une douce joie, la consolation, la bienveillance, le désir de la vertu.

Appliquez-vous aussi à rendre votre discours agréable par le bon choix des expressions et par une convenable modulation de la voix. Une élocution gracieuse charme ceux qui l'entendent, et les dispose favorablement pour l'occasion où il s'agira de les engager au bien, ou de les éloigner du mal. C'est pour nous un devoir de perfectionnner tous les instrumens que Dieu nous a

donnés pour être utiles à nos semblables, et par suite la manière d'exprimer
nos pensées.

Le défaut d'élégance, qu'il s'agisse
de parler, de faire une lecture, ou de
se présenter et de prendre une atti-
tude, provient le plus souvent moins
de l'impuissance de faire mieux, que
d'une honteuse paresse : on ne veut
pas faire une sérieuse attention à son
perfectionnement personnel, et au respect qu'on doit aux autres.

Mais, tout en vous faisant à vous-
même un devoir de l'aménité, et en vous
rappelant sans cesse qu'elle est un devoir, parce que nous devons nous conduire de telle sorte que notre présence
ne soit une calamité pour personne,
qu'elle soit au contraire un plaisir et un
bienfait pour tous, gardez-vous cependant de vous fâcher contre les hommes
grossiers que vous pourrez rencontrer.
Pensez que les pierres précieuses sont
quelquefois enfouies dans la boue. Il
serait mieux sans doute que la boue

ne les souillât pas ; et cependant, dans cet état d'humiliation, elles n'en sont pas moins des pierres précieuses.

Un des plus grands exercices de l'aménité consiste à supporter avec un infatigable sourire de tels personnages, ainsi que la sequelle infinie des ennuyeux et des sots. A moins qu'il ne se présente une occasion de leur être utile, il est fort permis de les éviter ; mais prenez garde qu'ils ne s'aperçoivent qu'ils vous déplaisent. Ils en seraient affligés, ou ils vous haïraient.

CHAPITRE XXIX.

Reconnaissance.

Si nous devons avoir pour tous les hommes des sentimens affectueux et des manières obligeantes, ce devoir devient bien plus étroit à l'égard de ces hommes généreux qui nous ont donné des preuves d'amour, de compassion, d'indulgence.

A commencer par les auteurs de nos jours, que personne, après nous avoir généreusement aidés par des services d'actions ou de conseils, ne puisse nous reprocher l'oubli d'un bienfait.

A l'égard des autres, nous pourrons quelquefois être sévères dans nos jugemens, et économes de manières aimables, sans nous rendre grandement coupables ; mais à l'égard de celui qui nous a fait du bien, nous sommes obligés de mettre une extrême attention à ne pas l'offenser, à ne pas l'affliger, à ne pas toucher à sa réputation, nous devons nous montrer au contraire toujours prompts à le défendre et à le consoler.

Beaucoup de gens, quand celui qui leur a rendu un bienfait prend ou semble prendre une trop haute opinion de son mérite à leur égard, s'en irritent, comme d'une impardonnable

indiscrétion, et se prétendent dispensés
de l'obligation de la reconnaissance.
Beaucoup de gens, parce qu'ils ont la
bassesse de rougir d'un bienfait reçu,
sont ingénieux à supposer qu'il a eu
pour mobile l'intérêt, l'ostentation ou
quelque autre motif indigne, et pensent
pallier ainsi leur ingratitude. Beaucoup de gens, lorsqu'ils sont en posi-
tion, se hâtent de rendre un bienfait
pour se décharger du poids de la reconnaissance, et se croient par là autorisés à oublier tous les égards qu'elle
impose.

Tous les artifices qu'on emploie
pour justifier l'ingratitude sont inutiles : l'ingrat est un homme vil, et
pour ne pas tomber dans cette bassesse, il faut que la reconnaissance ne
soit pas mesquine ; il faut qu'elle sur-
abonde.

Si un bienfaiteur s'enorgueillit des
avantages qu'il vous a procurés, s'il
n'a pas avec vous toute la délicatesse
que vous désireriez, s'il n'est pas de

toute évidence qu'ils ne furent point généreux les motifs qui le portèrent à vous être utile, néanmoins il ne vous appartient pas de le condamner. Jetez un voile sur ses torts réels ou possibles, et ne considérez que le bien que vous avez reçu de lui. Considérez ce bien, quand même vous le lui auriez rendu, et mille fois rendu.

La reconnaissance n'exige pas toujours qu'on publie le bienfait reçu ; mais, toutes les fois que la conscience vous dit qu'il y a quelque raison pour le rendre public, une basse honte ne doit pas vous arrêter : avouez l'obligation que vous avez à la main amie qui vous secourut. Remercier sans témoin, c'est souvent de l'ingratitude, dit l'excellent moraliste Blanchard.

Ce qui est certain, c'est que celui qui est reconnaissant de tous les bienfaits, même des moindres, est un homme essentiellement bon. La reconnaissance est l'âme de la religion, de la piété filiale, de l'amour que nous avons pour ceux qui nous aiment, de l'amour que nous portons à la société humaine, qui nous couvre d'une si puissante protection et nous procure tant de douceurs.

En nourrissant dans notre cœur le sentiment de la reconnaissance pour tout le bien que nous recevons de Dieu et des hommes, nous acquerrons plus de force et de calme pour supporter les maux de la vie ; nous serons plus disposés à l'indulgence, plus disposés à tout faire pour être utiles à nos semblables.

CHAPITRE XXX.

Humilité, mansuétude, pardon.

L'orgueil et la colère ne s'accordent pas avec l'aménité, et par suite on ne peut avoir cette qualité, si l'on ne s'est formé à l'humilité et à la mansuétude. « S'il est un sentiment qui dé» truise le mépris insultant pour les » autres, c'est bien l'humilité. Le mé» pris naît de la comparaison qu'on » fait de soi avec les autres, et de la » préférence qu'on se donne ensuite à » soi-même. Or, comment ce sentiment » pourra-t-il jamais prendre racine » dans un cœur habitué à considérer et » à déplorer ses propres misères, à re» connaître que tout son mérite vient » de Dieu, à reconnaître que si Dieu » ne le retenait, il se laisserait empor» ter à tous les excès? » (Voir Manzoni, dans son excellent livre *sur la Morale catholique.*)

Réprimez sans cesse vos emportemens, ou vous deviendrez dur et orgueilleux. Si une juste colère peut être opportune, les cas du moins en sont très-rares. La croire juste à tout propos, c'est cacher sous le masque du zèle sa propre méchanceté.

Ce défaut est horriblement commun.
Parlez en particulier à vingt hommes,
vous en trouverez dix-neuf qui laisse-
ront éclater devant vous leur prétendue généreuse indignation contre tel
ou tel. Ils semblent tous être embra-
sés de fureur contre l'iniquite, comme
s'ils étaient les seuls au monde qui
eussent de la droiture. Le pays où ils
sont est toujours le pire de la terre.
Les années où ils vivent sont toujours
les plus tristes ; les institutions qui ne
sont pas leur ouvrage sont toujours
détestables; celui qu'ils entendent parler de religion et de morale est toujours un imposteur; si un riche ne jette
pas l'or à pleines mains, c'est toujours
un avare; si un pauvre souffre et demande, c'est toujours un dissipateur ;
s'il leur arrive de faire du bien à
quelqu'un, c'est toujours un ingrat.
Maudire tous les individus qui com-
posent la société, excepté, par grâce,
quelques amis, ce paraît en général
une indicible volupté.

Et, ce qui est pis encore, cette colère, tantôt lancée au loin, tantôt déversée sur ses voisins, plaît ordinairement à ceux qui n'en sont pas l'objet immédiat. L'homme mordant et emporté, on paraît disposé à le prendre pour un homme généreux qui, s'il gouvernait le monde, serait un héros. L'homme doux, au contraire, on le regarde avec une pitié dédaigneuse, comme un homme sans esprit ou sans cœur.

L'humilité et la douceur ne sont pas des vertus qui mènent à la gloire; mais attachez-vous-y : elles sont, sachez-le bien, au-dessus de toute autre gloire. Cette fougue universelle de colère et d'orgueil ne prouve autre chose, sinon que l'amour et la vraie générosité sont fort rares, et que l'ambition de paraître meilleurs que les autres est universelle.

Prenez l'invariable résolution d'être humble et doux; mais sachez montrer que ce n'est chez vous ni imbécillité ni lâcheté. Comment? En laissant de temps à autre échapper la patience, et en tenant tête au méchant? En employant paroles et écrits à diffamer celui qui se sert des mêmes moyens pour vous calomnier? Non ; dédaignez de répondre à vos calomniateurs, et, à l'exception de quelques circonstances particulières qu'il est impossible de préciser, ne perdez jamais patience avec le méchant : point de menaces, point de mépris. La douceur, quand elle est vertu, et non impuissance de sentir avec énergie, a toujours raison. Elle humilie plus l'orgueil des autres que ne le ferait la plus foudroyante éloquence de la colère et du mépris.

Montrez en même temps que votre douceur n'est ni sotte, ni lâche, en conservant un maintien noble avec les méchans, en n'applaudissant pas à leur iniquité, en ne mendiant pas leurs suffrages, en ne vous écartant jamais de la religion et de l'honneur par la crainte de leur blâme.

Habituez-vous à l'idée d'avoir des ennemis, mais sans vous en troubler. Il n'est personne, quelque bienfaisant, quelque sincère, quelque inoffensif qu'il soit, qui n'en ait quelques-uns. On voit des infortunés chez qui l'envie est à tel point naturalisée, qu'ils ne peuvent vivre sans lancer des moqueries et des accusations mensongères contre ceux qui jouissent de quelque réputation.

Ayez le courage d'être doux, et pardonnez de cœur aux malheureux qui vous nuisent ou qui voudraient vous nuire. « Pardonnez, non sept fois, dit le Sauveur, mais soixante-dix fois sept fois, » c'est-à-dire sans fin.

Les duels et toutes les vengeances sont de véritables et indignes délires. La rancune est un mélange odieux d'orgueil et de bassesse. En pardonnant un outrage, on peut changer un ennemi en ami, ramener un homme pervers à de nobles sentimens. Oh! qu'il est beau, ce triomphe, qu'il est

consolant! combien n'est-il pas plus
glorieux que les horribles victoires de
la vengeance !

Et quand un homme qui vous aurait
offensé, et à qui vous auriez pardonné,
se refuserait à toute réconciliation, et
vivrait et mourrait en vous insultant,
qu'avez-vous perdu à être bon? N'a-
vez-vous pas obtenu la plus grande de
toutes les joies, celle d'être demeuré
magnanime (20) ?

CHAPITRE XXXI.

Courage.

Courage! et toujours courage! Sans
cette condition, point de vertu. Courage, pour vaincre votre égoïsme et devenir bienfaisant; courage, pour vaincre votre paresse, et poursuivre con-

stamment toutes les études honorables ; courage, pour défendre la patrie
et protéger votre semblable en toute
rencontre ; courage, pour résister aux
mauvais exemples et aux injustes dé-
risions ; courage, pour souffrir et les
maladies, et les peines, et les angoisses
de toute espèce, sans lâches lamenta-
tions ; courage, pour aspirer à une perfection que nous n'atteindrons pas sur
la terre, mais à laquelle néanmoins nous
ne pouvons cesser d'aspirer, suivant le
sublime conseil de l'Evangile, sans perdre toute noblesse.

Quelque attaché que vous soyez à
votre patrimoine, à l'honneur, à la vie,
soyez toujours prêt à tout sacrifier au
devoir, s'il exigeait de tels sacrifices. Ou
cette abnégation de soi-même, ce re-
noncement à tout bien terrestre, plutôt
que de le garder au mépris de la justice, ou l'homme, non-seulement n'est
pas un héros, mais même peut devenir
un monstre. « Car, pour être juste, dit
» Cicéron, il ne faut craindre ni la

» mort, ni la douleur, ni l'exil, ni la
» pauvreté, et ne préférer nul avan-
» tage à l'équité. » *Nemo enim justus*
esse potest, qui mortem, qui dolorem, qui
exilium, qui egestatem timet, aut qui ea,
quæ sunt his contraria, æquitati antepo-
nit. (De Off., lib. ii, cap. ii.)

Vivre - avec un cœur détaché des
prospérités caduques de la terre, ce
semble à quelques-uns un conseil trop
rude et surtout inexécutable. Il est
néanmoins vrai que si, dans certaines
circonstances, nous ne sommes pas indifférens à ces prospérités, nous ne savons ni vivre ni mourir dignement.

Le courage doit élever l'âme à la
hauteur de toutes les vertus; mais
prenez garde qu'il ne dégénère en
orgueil et en férocité.

Ceux qui pensent, ou feignent de
penser, que le courage ne peut s'allier
aux sentimens doux; ceux qui s'habi-
tuent aux rodomontades, aux que-
relles, à la soif du désordre et du
sang, ceux-là abusent de la force de

caractère et de bras que Dieu leur
avait donnée pour être utiles à la société, et pour lui offrir de bons exemples. Et ordinairement ce sont les
moins braves dans les grands dan-
gers : pour se sauver eux-mêmes, ils
trahiraient père et frères. Dans une ar-
mée, les premiers à déserter sont précisément ceux qui plaisantaient leurs
camarades sur leur pâleur, et insul-
taient grossièrement à l'ennemi.

CHAPITRE XXXII.

Haute idée de la vie, et force d'âme à l'approche
de la mort.

Beaucoup de livres parlent des obligations morales avec plus d'étendue et
avec plus d'éloquence ; pour moi, mon
jeune ami, je n'ai voulu que vous offrir

un manuel qui vous les rappelât toutes en peu de mots.

Maintenant j'ajoute : Que le poids de ces obligations ne vous épouvante pas ; ce n'est qu'aux lâches qu'il paraît insupportable. Ayons de la bonne volonté, et nous découvrirons dans chaque devoir une beauté mystérieuse qui nous invitera à l'aimer ; nous sentirons une puissance admirable qui augmentera nos forces, à mesure que nous avancerons dans l'âpre sentier de la vertu ; nous trouverons que l'homme est beaucoup plus grand qu'il ne semble l'être, pourvu qu'il veuille, et qu'il veuille fortement atteindre le but élevé de sa destination, qui consiste à se purifier de toutes les viles tendances, à cultiver les bonnes, au plus haut degré, à s'élever ainsi à l'immortelle possession de Dieu.

Aimez la vie, mais aimez-la non pour de vulgaires plaisirs et pour de misérables ambitions. Aimez-la pour ce qu'elle a d'important, de grand, de

divin ! Aimez-la, parce qu'elle est l'a-
rène du mérite, parce qu'elle est chère
au Tout-Puissant, glorieuse pour lui,
glorieuse et nécessaire pour nous. Aimez-la en dépit de ses douleurs, et
même pour ses douleurs, puisque ce
sont elles qui l'ennoblissent, qui font
germer, croître, et qui fécondent dans
l'esprit de l'homme les pensées généreuses et les nobles résolutions !

Cette vie, que vous devez tant estimer, n'oubliez pas qu'elle vous est
donnée pour fort peu de temps. Ne la
dissipez point en divertissemens frivoles. N'accordez au délassement que ce
qu'exigent votre santé et le plaisir des
autres. Ou plutôt mettez votre délassement à agir avec dignité, c'est-à-dire,
à servir vos semblables avec les sentimens d'une magnanime fraternité, à
servir Dieu avec un amour filial, avec
une filiale obéissance.

Enfin, en aimant ainsi la vie, pensez
à la tombe qui vous attend. Se dissimuler la nécessité de mourir, c'est une

faiblesse qui diminue le zèle du bien. Vous ne hâterez pas par votre faute ce moment solennel (21); mais vous ne chercherez pas à l'éloigner par lâcheté. Exposez vos jours pour sauver ceux des autres, s'il est nécessaire, et surtout pour le salut de votre patrie. Quelque genre de mort qui vous soit réservé, soyez prêt à la recevoir avec une noble fermeté, et à la sanctifier avec toute la sincérité et l'énergie de la foi.

En vous conduisant ainsi, vous serez homme et citoyen, dans le sens le plus sublime de ces deux mots; vous serez utile à la société, et vous assurerez votre propre bonheur.

NOTES.

NOTE I, PAGE 4.

L'homme doit arriver jusqu'à *ne faire qu'un avec Dieu.*

Telle est cependant la sublime, la magnifique, la véritable fin de l'homme : être uni par son intelligence avec l'intelligence souveraine, par sa volonté ou son amour avec la perfection et l'amour infini. Mais cette *unité* ne se consommera dans l'autre vie, qu'autant qu'elle aura commencé sur la terre, et elle commence sur la terre par la religion, c'est-à-dire par la foi et par l'amour. Le bonheur de cette union commence ainsi pour l'homme avec la vie, puisque la religion embrasse la vie entière de l'homme. Il n'y a même, ici-bas, de véritables jouissances que là. Hors de la religion, de cette religion qui seule mérite ce nom, qui n'a point été altérée par les imaginations des hommes, ou mutilée par leur faible raison, hors de cette religion qui a vu les premiers et qui verra les derniers jours du monde, il n'y a que ténèbres pour l'intelligence, que vide pour le cœur de l'homme. *Via impiorum tenebrosa, nesciunt ubi corruant; justorum autem semita, quasi lux splendens, procedit et crescit usque ad perfectam diem :* « La voie des impies est ténébreuse : ils ne savent où ils vont tomber ; mais la voie des justes est une lumière éclatante qui croît, en s'avançant, jusqu'au jour de la consommation. » (Proverb.)

Tous les égaremens des hommes, ceux de leur esprit et ceux de leur cœur, viennent de ce qu'ils veulent trouver la vérité et le bonheur en eux-mêmes, dans les créatures, hors de Dieu. C'est, rigoureusement, chercher Dieu hors de Dieu.

NOTE 2, PAGE 4.

Le scepticisme est la maladie du siècle ; mais ce siècle au moins devrait être conséquent. N'est-il pas étonnant que les hommes de notre temps, qui se targuent de leurs lumières et de leur philosophie, ne voient pas que le scepticisme sape les fondemens de toute philosophie, tarit la source de toute lumière, anéantit toute vérité, et ouvre ainsi la voie à toutes les erreurs, à toutes les folies, à tous les crimes, et justifie d'avance toutes les monstruosités imaginables? C'est une contradiction flagrante, mais trop facilement explicable. Attachés au monde des sensations, les hommes égarés craignent de reconnaître un ordre supérieur qui domine la vie humaine, et cherchent à se persuader que leur existence tout entière s'engloutit dans la

tombe. Vains efforts! refuser de reconnaître
une vérité, ce n'est pas la détruire, et les erreurs quelconques ne renversent pas plus la
religion, centre de toute vérité, que les faux
systèmes en astronomie ne troublent l'harmonie des cieux.

L'homme est fait pour connaître la vérité;
elle est le fondement de son existence intellectuelle et morale, et même de son existence
physique, et les sceptiques ne vivent, sous quelques-uns de ces rapports, qu'en adoptant dans
la pratique ce qu'ils nient ou mettent en doute
dans la théorie. Sans la connaissance de la vérité, la vie serait une contradiction, une absur-
dité, un malheur, parce qu'elle serait sans lumière, sans règle, sans but, sans consolation. Le
désespoir moral est une conséquence inexo-
rable du scepticisme, qui n'est lui-même qu'un
désespoir intellectuel.

C'est en exagérant la puissance de la raison,
qu'on est arrivé à la méconnaître entièrement.
On lui a demandé une connaissance intime et
parfaite de la vérité. Elle est ainsi dans l'intelligence infinie de Dieu, mais elle n'est que là;
puisque la vérité, en prenant le terme dans
toute son extension, c'est Dieu lui-même, c'est
l'infini. C'était donc demander à une intelligence finie la compréhension de l'infini. La
raison n'a pu sortir de ses limites pour satis-
faire l'orgueil de l'homme, et l'homme dès-lors
l'a déclarée radicalement impuissante à connaître la vérité, et brisant le premier instru-

ment de ses connaissances, il s'est plongé tête
baissée dans le ténébreux abime du scepticisme.

Un philosophe chrétien, attribuant ce profond désordre à la *raison individuelle*, lui op-
posa ce qu'il appelait la *raison générale*, ou
l'autorité du genre humain. Il crut ainsi forcer
l'orgueil de l homme dans ses derniers retran-
chemens, et, par une nécessité logique, ramener
sa raison à la vérité. Mais on rétorqua contre
son système toutes les difficultés par lesquelles
il croyait renverser la théorie commune, qui fut
celle des saints Pères et des docteurs de l'Eglise,
celle des plus grands philosophes jusqu'à lui. En
effet, que devient la raison générale, les raisons
individuelles étant préalablement anéanties?
Comment l'individu pourrait-il discerner le
sentiment vraiment général dans ce chaos immense des opinions humaines de tous les temps
et tous les lieux? Quelle étendue de connaissances, quel temps ne faudrait-il pas pour faire
le dépouillement des innombrables suffrages
déposés successivement par chaque génération
dans les urnes de l'histoire? Enfin, combien
d'urnes brisées? combien de suffrages incon-
nus? Ne pourrait-il pas se faire ainsi que la majo-
rité supposée dans les livres fût la minorité du
genre humain? Ce n'est là qu'une faible partie des difficultés de ce système philosophique.

Un professeur de philosophie, sorti de l'u-
niversité pour entrer dans le ministère ecclé-
siastique, entreprend aussi de faire une révolu-
tion dans l'enseignement fondamental de la

religion. Abandonnant à la fois la *raison in-*
dividuelle et la *raison générale*, il place dans *le*
sentiment la base de la philosophie chrétienne.
La certitude historique disparaît à ses yeux
comme la certitude métaphysique, et cependant, tout en déprimant la raison, il exalte la
science. Cette erreur n'est point nouvelle ; car
qu'y a-t-il de nouveau aujourd'hui, même en
fait d'erreurs? Quelques protestans, pour sup-
pléer à l'autorité qui leur manquait, ont déjà
fait du sentiment le *criterium* du christianisme.

Les auteurs de ces théories n'ont pas songé
que le vrai système de certitude a dû commencer avec le *christianisme*, et même avec le
monde, puisque *Dieu,* qui *veut que tous les*
hommes parviennent au salut et *à la connais-*
sance de la vérité, qui en est la voie, leur en
a sans doute ménagé de tous temps les moyens.
Ils n'ont pas songé quel danger il y a à enchaî-
ner la vérité à une théorie, et à lui en faire
subir toutes les chances ; ils ont trop compté
sur les ressources de la logique, sans appuyer
assez sur les conditions morales, desquelles dé-
pend principalement la découverte de la vérité
(voir ces conditions, note 5). Au lieu que Dieu
se sert de tout pour amener l'homme à la religion,
ou pour l'y affermir, ces imprudens philosophes
ont voulu tracer à sa providence une marche
exclusive, et l'emprisonner dans un système.
Tout ce qui est dans l'univers va aboutir à Dieu,
comme les rayons d'un cercle se réunissent à son
centre : tout donc dans l'univers conduit à Dieu.

Chaque homme est obligé d'user de tous les
moyens qui sont en son pouvoir, pour connaître
le principe et le but de son existence, ses devoirs et ses destinées. Celui qui ne négligera
aucune de ces ressources arrivera certainement
à la vraie foi [1], parce que Dieu suppléera par
sa providence à toutes les ressources person-
nelles qui pourraient lui manquer, et par des
grâces intérieures au défaut des moyens exté-
rieurs [2]. Qui imprimera donc aux sentimens
d'un homme le sceau de la vérité ou la certitude? C'est Dieu lui-même en lui donnant la
foi; car sans cette empreinte de la main divine
sur son âme, nul homme ne sortirait des incertitudes et des ténèbres. La foi obtenue se conserve par les mêmes moyens qui y ont conduit,
c'est-à-dire par la fidélité de l'homme à remplir
tous les devoirs que lui impose la vérité connue,
et par la continuation de la grâce divine. Voilà
la simple doctrine catholique relativement à la
certitude; et au lieu que tous les autres systèmes sont incomplets, ne s'adressent qu'à une
partie de l'âme humaine, on observera que la
doctrine catholique réunit la morale et la foi,
s'adresse en même temps au cœur et à l'esprit,

[1] *Deus non deest in necessariis :* Dieu ne manque pas aux hommes dans les choses nécessaires. Cette
sentence, fondée sur une juste notion des attributs de
Dieu, est un axiome en théologie.

[2] *Fac quod in te est, et Deus aderit bonæ voluntati
tuæ :* Faites tout ce qui est en vous, et Dieu aidera à
votre bonne volonté. *Lib. Imit.*

et embrasse ainsi l'homme tont entier. La prière incessante de l'homme qui désire et cherche la vraie religion, doit être celle du Psalmiste : *O mon·Dieu ! créez en moi un cœur pur, et renouvelez un esprit droit au fond de mon âme* (Ps. 5o).

NOTE 3, PAGE 17.

La philosophie nie que la vie soit un bien.

En effet, la vie humaine est une énigme pour la philosophie. Hors de la religion, ses maux sont inexplicables et irrémédiables. Aussi il y eut des philosophes qui les nièrent : les Stoïciens; d'autres les attribuèrent à la nature et à la société : c'était indiquer les instrumens et non pas la cause. L'origine des maux fut toujours l'écueil de la raison, et les faux systèmes à ce sujet ont été et sont encore des sources de calamités. C'est le problème qui, sans être formulé, et nettement conçu par beaucoup, occupe aujourd'hui tous les esprits. La religion résout cette question d'un seul mot, et par un fait. Elle présente en même temps le remède. La logique du malheur y ramènera forcément la société, si nous ne sommes pas aux derniers jours.

NOTE 4, PAGE 17.

Cette philosophie, tout animale, fut celle du dernier siècle ; mais, il faut le dire, elle est aujourd'hui l'objet d'un dégoût général. On sent que cette philosophie peut être celle des passions, mais qu'elle ne saurait être celle de la raison. On laisse se confondre avec les brutes les hommes à qui cette ressemblance peut plaire; mais on cherche plus haut la destinée de l'homme. C'est déjà un grand pas dans la voie de la vérité.

NOTE 5, page 18.

L'homme qui ne cherche que la vérité, qui n'aime que le bien, qui est résolu de faire tous les sacrifices que lui imposera la vérité connue, arrivera certainement à la foi. Tous les efforts humains ne sauraient y conduire par eux-mêmes; mais Dieu par sa grâce supplée à leur impuissance.

« Si vous invoquez la sagesse, et que vous incliniez votre cœur à la prudence (ou recherche de vos vrais intérêts); si vous la cherchez avec l'ardeur que l'on met à chercher un trésor dans les entrailles de la terre, vous comprendrez alors la crainte du Seigneur, et vous trouverez la science de Dieu, parce que le Seigneur donne la sagesse. » (Prov. c. 11, v. 3, 4, 5, 6.) — Tous ceux donc qui mettent leur âme en état de recevoir la foi, la reçoivent.

Les principales dispositions nécessaires pour obtenir ce don précieux, sont :

1° *L'humilité d'esprit et de cœur.* « Comment pouvez-vous croire, disait Jésus-Christ aux Scribes et aux Pharisiens, c'est-à-dire aux savans de son temps; comment pouvez-vous croire, vous qui ne recherchez que la gloire humaine, et qui négligez la gloire véritable, celle qui

vient de Dieu? » (Evang. Joann. c. v, v. 44.)
Et une autre fois, il répond aux questions
des Apôtres par ces paroles : « Je vous rends
hommage, ô mon Père, d'avoir caché les mystères de votre royaume aux sages et aux pru-
dens du siècle, et de les avoir révélés aux petits. »

2° *La pureté de l'âme.* « La sagesse n'entrera
pas dans l'âme attachée au mal, et n'habitera
pas dans un corps esclave du péché. »

3° *La droiture.* « La lumière se lève au milieu
des ténèbres pour les cœurs droits. » (Ps. cxi,
v. 4.)—L'étendue, le genre d'esprit, le génie ne
dépendent de personne; mais tous peuvent
avoir la droiture de cœur, et par conséquent
obtenir la foi.

4° *Enfin chacun doit faire toutes les recherches qui lui sont possibles, et joindre la prière
à ses recherches* [1], *et le Dieu de la science l'é-
clairera,* et toutes ses incertitudes se dissipe-
ront, tous ses doutes tomberont, comme les
ténèbres devant le soleil. Car Dieu est le soleil
des intelligences, et il est l'unique source de la
vraie lumière.

L'heureux jour que celui où l'homme long-
temps égaré peut dire avec le Psalmiste : *J'ai
profondément réfléchi sur la voie que j'avais
à suivre sur la terre, et j'ai tourné mes pieds*

[1] *L'homme sage s'appliquera dès le matin à
penser au Seigneur, qui l'a fait, et il priera en présence du Très-Haut; car, s'il le veut, le Seigneur le
remplira de l'esprit d'intelligence. (Lib. Eccl.
xxxix, v. 6 et seq.*

vers vos témoignages :.... Je chanterai éternel-
lement les miséricordes du Seigneur. (Ps. cxviii,
59; lxxxviii, 1.)

NOTE 6, PAGE 22.

Reprocher à la religion d'être *l'affaire du*
peuple, c'est lui reprocher d'être marquée du
sceau même de la vérité. En effet, la vérité
n'est-elle pas nécessaire à tous les hommes?
elle doit donc être accessible à tous les hommes. A combien la religion serait-elle utile,
si elle n'était accessible qu'aux philosophes?
Au reste, les hommes d'esprit font un bon
parti au peuple, en lui laissant la religion,
car c'est lui laisser l'unique source de toutes
les vertus.

NOTE 7, PAGE 23.

La Divinité ayant daigné, dans la personne
de Jésus-Christ, se revêtir de notre nature, nous
sommes devenus les frères de Dieu lui-même.
Le mystère de l'incarnation a ainsi élevé l'humanité au plus haut point de gloire où elle pût
parvenir.

NOTE 8, PAGE 23.

Les preuves historiques : voilà à quoi il faut
principalement s'attacher dans la recherche de
la vérité et l'examen de la religion. Il est bien
facile de s'égarer dans l'immensité de l'espace

intellectuel. Quelquefois même, plus un esprit a de rectitude et d'inflexibilité logiques, plus il plonge profondément dans l'erreur, dès qu'il a mis le pied dans ses voies. Comme le monde intellectuel forme un tout parfaitement lié, parfaitement harmonique, un principe vrai suffit pour amener un esprit conséquent à la vérité complète ; comme aussi un faux principe peut le jeter dans un complet égarement. C'est là, indépendamment des causes morales, ce qui explique les erreurs où tombent parfois les plus grands génies. Leur hardiesse et leur force, mal dirigées, les perdent, tandis que des esprits médiocres, plus circonspects, plus humbles, plus défians d'eux-mêmes, se maintiennent fermes dans la bonne voie. Quel a été le résultat des spéculations de la philosophie écossaise et de la philosophie allemande? A quoi ont abouti les travaux philosophiques de l'éclectisme français? Tous ces systèmes, fruits de tant de méditations, de recherches, de labeurs, vont tous s'engloutir dans le gouffre du scepticisme.

Que les hommes qui aiment et qui cherchent la vérité, qui en sentent l'indispensable besoin, au lieu de se perdre dans les vaines spéculations des philosophes, fassent une étude sérieuse des preuves historiques de la religion. Elles tranchent toutes les questions métaphysiques et présentent à l'esprit une base inébranlable, et le délivrent à jamais des inquiétudes et du doute qui survivent à toutes les investigations philosophiques. Les vérités historiques à recon-

naître ne sont pas en grand nombre; elles se
bornent aux faits évangéliques. Ces faits con-
statés, toute la doctrine chrétienne est établie;
il ne reste que la question de l'Eglise, ou de la
société, qui a dû conserver intacte la doctrine
de J.-C. Et cette question elle-même est résolue
par l'histoire. Il n'y a qu'à ouvrir les monumens ecclésiastiques des siècles précédens, et
voir quelle est la société qui a reçu des apôtres le vrai et complet christianisme; qui a
perpétué leur doctrine et leur ministère; qui
depuis leur siècle jusqu'au nôtre, jusqu'à l'heure
présente, s'est constamment opposée à toute
innovation, et a constamment proclamé que
toute opinion humaine, contraire à la révéla-
tion divine, était nécessairement une erreur, et
devait ainsi être impitoyablement proscrite.
Les questions essentielles se réduisent donc à
deux, et la solution de ces deux questions emporte la solution de toutes les autres. Qu'on
ne s'effraie pas des recherches qu'elles exigent.
Quand il faudrait les faire en entier, encore ne
faudrait-il pas plaindre sa peine : il s'agit de la
vérité, de Dieu, de l'éternité. Mais ces travaux
sont faits, ou au moins grandement préparés :
les ouvrages des docteurs chrétiens, suivis avec
attention, sont plus que suffisans pour dissiper
toutes les ténèbres, les doutes même les plus
exigeans, les plus acharnés. Comme la vérité et
la religion regardent le cœur aussi bien que
l'esprit, il est des conditions morales indispensables dans cette recherche : nous les avons

indiquées plus haut (note 5). Dès qu'on se sera
mis en mesure sous ce rapport, on pourra con-
sulter avec fruit sur les questions dont nous
avons parlé :

Pascal, *ses Pensées*, le 2ᵉ vol., édit. de Re-
nouard ;

Duguet, *Principes de la foi chrétienne* ;

Duvoisin, *Authenticité des livres de l'Ancien
et du Nouveau Testament* ;

Leland, *Démonstration évangélique* ;

Bergier, *Traité historique et dogmatique de
la religion* ;

Idem, *Certitude des preuves du christianisme* ;

Bossuet, *Ses Avertissemens aux protestans* ;
Histoire des variations des Eglises protestantes ;

Thomas Moore, *l'ouvrage cité page* 19 ;

Frayssinous, *Défense du Christianisme*, etc.;

Hayer, *Règle de foi vengée* ; — *Apostolicité
de l'Eglise.* Voir les autres ouvrages utiles dans
la *Bibliothèque d'un philosophe chrétien.*

NOTE 9, PAGE 24.

L'école empirique est celle qui ne prend
pour base que l'expérience : c'est la véritable
voie des sciences physiques. On peut aussi,
d'après les principes de cette école, connaître
une des faces de la religion ; car la religion répond à tous les systèmes de connaissances, parce
qu'elle embrasse l'homme tont entier. C'est

Bacon qui a fait cette réflexion si vraie, *que peu de philosophie éloignait de la religion, et que beaucoup de philosophie y ramenait.*

NOTE 10, PAGE 29.

On lira avec plaisir sur le même sujet les pensées intimes de l'un des coryphées de l'incrédulité dans le siècle dernier.

« Il est un lien plus puissant que tous les autres, auquel l'Europe entière doit aujourd'hui l'espèce de société qui s'est perpétuée entre ses membres, le christianisme. Méprisé à sa naissance, il servit d'asile à ses détracteurs, après qu'ils l'eurent si cruellement persécuté. Quelques prétendus esprits forts disent que le christianisme est gênant; c'est avouer qu'on est incapable de porter le joug des vertus qu'il commande. Il est nuisible, ajoutent-ils; c'est fermer les yeux aux avantages les plus indispensables qu'il procure à la société. Ses devoirs excluent ceux de citoyens; c'est le calomnier manifestement, puisque le premier de ses préceptes est de remplir les devoirs de son état. Il favorise le despotisme, l'autorité arbitraire des princes; c'est méconnaître son esprit, puisqu'il déclare dans les termes les plus énergiques que les souverains, au tribunal de Dieu, seront jugés plus rigoureusement que les autres hommes, et qu'ils paieront avec usure l'impunité dont ils auront joui sur la terre. La foi qu'exige le christianisme contredit et humilie la raison;

c'est insulter à l'expérience et à la raison même,
que de regarder comme humiliant un joug qui
soutient cette raison toujours vacillante, toujours inquiète quand elle est abandonnée à elle-
même. Que deviendrait donc le monde, madame ; que deviendraient ceux qui l'habitent,
si par la douceur de ses consolations, par l'at-
trait de ses espérances, par les compensations
inestimables qu'elle offre aux malheureux, la
religion n'adoucissait dans cette vie les maux
inévitables à chaque individu, et plus encore
aux gens de bien ? C'est surtout dans l'inégalité
des conditions, dans l'inexacte distribution des
honneurs et des récompenses, que cette religion
fait connaître la douceur de son empire et la
sagesse de ses lois, qui tempèrent et réparent,
autant qu'il est possible, les adversités humaines.

» Comme l'ordre de la société exige, pour
son propre soutien, de la subordination, de la
dépendance, des travaux ; comme la corruption
de l'humanité répand sur le général et sur les
particuliers des peines, des oppressions, des
injustices, quel homme pourrait se soumettre
aux rigueurs d'un partage si cruel à la nature,
sans une lumière qui apprend à supporter les
amertumes de son sort, sans un contre-poids
qui réprime les soulèvemens d'une sensibilité
trop souvent juste, sans une loi de soumission
qui lui fait accepter, par des vues sur-humai-
nes, tout ce qui peut blesser son esprit et ré-
volter son cœur ? Le mal du chrétien n'est aux

yeux de la foi qu'un mal passager, et toujours
propre à lui mériter des récompenses éternel-
les ; le mal du philosophe est un aiguillon pour
sa malice, un sujet pour ses révoltes, un fer-
ment pour son humeur, un motif d'injustice et
d'iniquité.

» Par la religion seule, les maux cessent d'être
ce qu'ils sont ; par elle seule, souffrir est un
moindre mal, que de goûter les douceurs de
la vie, au préjudice de sa conscience et de ses
devoirs ; par elle seule, l'homme, élevé au-dessus de lui-même, se dérobe en quelque sorte
aux mauvais traitemens, aux persécutions, à
l'iniquité, pour se reposer, sous ses auspices,
dans un centre de bonheur et de paix, au-
dessus de tous les revers. » (*Lettre de d'Alembert à l'impératrice de Russie, Catherine. Mémoires de madame de Tencin.*)

NOTE II, PAGE 31.

Un grand personnage, ébloui par l'éloquence
de Rousseau, lui demande quel parti il doit
prendre relativement à la religion. Rousseau
lui écrit la lettre suivante :

« Je vous déclare que si j'étais né catholique,
je demeurerais catholique, sachant bien que
votre Église met un frein très-salutaire aux
écarts de la raison humaine, qui ne trouve ni
fond ni rive quand elle veut sonder l'abîme
des choses ; et je suis si convaincu de l'utilité de
ce frein, que je m'en suis moi-même imposé un

semblable, en me prescrivant, pour le reste de
ma vie, des règles de foi dont je ne me permets
plusde sortir. Aussi je vous jure que je ne suis
tranquille que depuis ce temps-là, bien convaincu que, sans cette précaution, je ne l'aurais
été de ma vie. » (*Lettre de J.-J. Rousseau à
M****, 22 juillet 1764.)

On a vu ce que d'Alembert, ce que Rousseau
pensaient de la religion chrétienne. Il en résulte
au moins que, si le désir de se faire une réputation dans une voie nouvelle ne leur faisait
pas dissimuler ou trahir les sentimens intimes
de leur âme, ils étaient bien éloignés de cette
fermeté de principes, de cette conviction profonde, qui peuvent seules donner quelque poids
à l'opinion d'un homme. Il y avait si peu de
consistance dans cette philosophie du xviiie siècle, dirigée contre le christianisme, qu'à côté
des plus violentes attaques, on trouve souvent
les plus fortes apologies, et qu'un philosophe a
bien soin de renverser ce qu'un autre établit. On
peut s'en convaincre en lisant les *Apologistes
involontaires* de M. Mairault : ouvrage où l'on
n'emploie contre l'incrédulité que les armes four-
nies par l'incrédulité elle-même.

Croit-on que Voltaire fût plus ferme dans
ses principes et plus convaincu dans son incrédulité? La lettre suivante, adressée à M. C. J.
Panckoucke, nous le montre indigné des railleries amères et des invectives atroces dont la
religion était l'objet : il voulait, ce semble, s'en
réserver la gloire.

» Plus vous me témoignez d'amitié, moins je
» conçois comment vous pouvez vous adresser à
» moi pour vous procurer l'infâme ouvrage inti-
» tulé *le Dîner du comte de Boulainvilliers.* J'en
» ai eu par hasard un exemplaire, et je l'ai jeté
» dans le feu. C'est un tissu de railleries amères
» et d'invectives atroces contre notre religion. Il
» y a plus de quarante ans que cet indigne écrit
» est connu ; mais ce n'est que depuis quelques
» mois qu'il paraît en Hollande, avec cent autres
» ouvrages de cette espèce. Si je ne consumais
» pas les derniers jours de ma vie à une nouvelle
» édition du *Siècle de Louis XIV,* je réfuterais
» tous ces livres qu'on fait chaque jour contre
» la Religion. » (Voir *Lettres de Voltaire à C. J.
Panckoucke.* Chez M. C. L. F. Panckoucke.)

NOTE 12, PAGE 33.

L'impuissance de la philosophie est aujour-
d'hui une vérité de fait et d'expérience manifeste à tous les yeux. Tous les systèmes sont
tombés aux pieds de l'immuable vérité. L'esprit
humain a épuisé toute sa force, il a parcouru
tous les cercles de l'erreur; et il a toujours été
ramené à l'aveu forcé de sa faiblesse. Ce que la
philosophie n'a pas pu jusqu'ici, elle ne le
pourra jamais, parce que jamais elle ne pourra
donner la certitude à aucune vérité, la sanction à aucune loi. Chose étonnante! l'homme
est jaloux de sa liberté ; il abhorre l'oppression,
et l'arbitraire et tous ses systèmes, en dehors de

la religion, établissent le joug de l'homme sur
l'homme. Il ne veut pas se soumettre au souverain de l'univers, et il subit la loi de son semblable. Il refuse l'obéissance à l'intelligence
infinie de Dieu, et il suit aveuglément les in-
spirations d'un esprit borné et faillible. Toujours
l'homme est puni par où il a péché, et l'orgueil
de sa raison trouve l'humiliation dans cette
raison elle-même.

NOTE 13, PAGE 36.

Lorsqu'un fidèle, dans l'exercice de sa religion, se borne aux pratiques autorisées par
l'Église, on ne saurait lui adresser raisonnable-
ment le reproche de bigoterie. Il peut se faire,
sans doute, que quelques chrétiens outrent certaines obligations de morale, certaines dévo-
tions, excellentes en elles-mêmes : quel est
l'homme qui connaît avec une précision ma-
thématique tous ses devoirs, qui se renferme
toujours exactement dans les justes bornes? La
religion ne saurait être responsable de la bizar-
rerie ou de l'ignorance de quelques individus.
Mais ces reproches de bigoterie et de supersti-
tion, si fréquens sur les lèvres des incrédules,
ne tombent pas toujours sur l'abus ou l'excès
des pratiques religieuses : ils tombent le plus
souvent sur ces pratiques elles-mêmes, dont ils
ne connaissent ni l'esprit ni les motifs. Ainsi le
chapelet est souvent pour eux un objet de dérision. Cependant de quoi se compose-t-il? Du

Pater, prière qui nous a été enseignée par Jésus-Christ lui-même, et que quelques-uns d'entre eux trouvent admirable, sublime, et elle l'est en effet. On y ajoute l'*Ave*, prière composée des paroles de l'ange annonçant à la sainte Vierge le mystère de l'Incarnation, et de celles de sainte Elisabeth félicitant Marie de la grâce qu'elle venait de recevoir. L'*Ave* est terminé par une invocation à la sainte Vierge. Qu'y a-t-il en tout cela de ridicule ?

NOTE 14, PAGE 39.

....Le temps arrive où Jésus-Christ doit se manifester au monde ; il sort de l'atelier de l'artisan, sa vie publique commence. Il instruit, il reprend, il commande, il exerce toutes les fonctions sociales. Les soins de l'autorité, les fatigues du pouvoir, les dévoûmens de la charité, les vertus de l'homme-prêtre et de l'homme-roi : tel est maintenant ce qui frappe en lui. Et toutefois, dans ses veilles et dans ses travaux, aucun sentiment pur ne lui est étranger ; son cœur est ouvert à l'amour filial, à la chaste amitié, à la généreuse compassion ; il partage nos joies ainsi que nos douleurs ; il assiste au festin de Cana, et passe quarante jours dans le désert sans prendre aucune nourriture : il s'attendrit, il pleure comme nous. Il accueille avec indulgence le repentir, il s'indigne contre les crimes de la volonté pervertie. L'injure, la calomnie, la noire trahison, l'ingratitude, la haine

et ses fureurs le poursuivent; des complots sont
formés pour le perdre; on lui tend des piéges
dans l'ombre; l'envie a résolu de se venger de
ses bienfaits. La destinée humaine est en toutes
choses sa destinée. (Dᴿ Lᴀ Mᴇɴɴᴀɪs, *Essai sur
l'Indiff.*, tom. ɪv, chap. xxxv.)

Pour bien comprendre Jésus-Christ, pour
bien comprendre l'homme, il faut lire en entier
ce chapitre. Rien de plus important que de bien
connaître Jésus-Christ; car il est *la voie, la
vérité et la vie.*

NOTE 15, ᴘᴀɢᴇ 41.

Sans doute chaque homme ne rendra compte
que du talent qu'il aura reçu : mais il faut rappeler à ce nombre d'hommes, malheureusement
trop grand, qui passent leur vie dans le doute,
et négligent de chercher la vérité et d'étudier
la religion, qu'il n'y a que l'ignorance et l'erreur invincibles qui puissent nous excuser au
tribunal de Dieu ; que la connaissance de la
vérité est notre premier devoir, comme notre
premier intérêt. « Rien, dit Pascal, ne doit donner le repos, que la recherche sincère de la
vérité, et rien ne peut donner l'assurance que
la vérité. »

Duæ personæ, dit saint Augustin dans le
même sens, *in religione sunt laudabiles : una
eorum qui jam invenerunt, quos etiam beatissi-
mos judicare necesse est; alia eorum qui stu-
diosissime et rectissime inquirunt. Primi ergò*

sunt jam in ipsa possessione ; alteri in via quâ certissime pervenitur. « Il n'est que deux espèces de personnes que l'on puisse approuver en fait de religion : d'abord celles qui l'ont déjà trouvée, et qu'on doit même regarder comme très-heureuses; ensuite celles qui en font la recherche avec le plus grand soin et une entière droiture. Les premières sont déjà en possession de la vérité; les autres sont dans le chemin qui y conduit infailliblement. » (*De Utilit. cred.* c. xi, n° 25.) Les indifférens devraient au moins, pour l'acquit de leur conscience, se donner la peine de lire avec attention la 2ᵉ partie des *Pensées de Pascal*, et le viiiᵉ chap. du 1ᵉʳ tome de l'*Essai sur l'Indiff.*

Nolite errare : Deus non irridetur. (Saint Paul.)
Ne vous y trompez pas : on ne se joue pas de Dieu.

NOTE 16, PAGE 55.

Depuis trois siècles, il se fait en Europe, et l'on peut dire aujourd'hui dans le monde entier, un vaste cours de politique expérimentale. On a décidé que Dieu ne serait plus à la tête de la société, que la religion n'en serait plus la base et la règle. Que voulait-on mettre à la place? on n'en savait rien : on verrait. Dans cet état, il s'est levé tout-à-coup une grande lumière : le problème était résolu : l'intérêt bien entendu venait d'être inventé. La société commençait une ère nouvelle. On dit que c'est Law qui le

premier proclama ce merveilleux principe.
Qu'en est-il advenu? Ecoutez Benjamin Constant : « Qu'avons-nous vu dans toute l'Europe
» depuis vingt années? l'intérêt bien entendu
» régnant sans rival. Quel a été le fruit de ce
» règne? Encore une fois nous ne parlons pas
» des crimes. Nous accordons que l'intérêt bien
» entendu les condamne (toujours?). Mais cette
» indifférence, cette servilité, cette persistance
» dans le calcul, cette versatilité dans les pré-
» textes, qu'était-ce autre chose que l'intérêt
» bien entendu?... L'intérêt bien entendu s'est
» placé du côté de la force, sinon pour la se-
» conder, au moins pour lui aplanir les obs-
» tacles... Il a laissé tomber les têtes et il a
» garanti les propriétés; il a empêché le pil-
» lage et facilité le meurtre légal, etc., etc. »
(*De la Religion.*)

Tous les autres systèmes politiques ont été
des applications de l'intérêt bien entendu. Au
fond de chacun de ces systèmes est le despotisme ou l'anarchie. Comment pourrait-il en
être autrement? Dès que Dieu n'intervient pas,
dès que la religion n'interpose pas les principes
de l'immuable justice entre les souverains et
les peuples, les uns n'ont plus que la force ou
le despotisme pour se faire obéir, les autres
n'ont plus que la force aussi ou la révolte pour
se faire respecter. On pourra varier les formes
du gouvernement; mais, sous une forme ou
sous une autre, les mêmes malheurs se repro-
duiront toujours. *Je n'entends point*, disait

Rousseau, *qu'on puisse fonder un état sans religion*. C'est donc à juste titre que Pellico dit
que les ennemis de la religion sont aussi les
ennemis de la société et de leur patrie.

NOTE 17, PAGE 67.

Non, il n'est qu'un dévoûment complet qui
puisse inspirer à l'homme qui s'est chargé de
l'éducation d'un enfant tous les soins, tous les
sacrifices qu'exige une œuvre aussi importante.
Il faut que l'instituteur d'un enfant soit pour
lui un second père : c'est ce qu'était Pellico
pour les enfans du comte Porro. Aussi de quelle
considération ne jouissait - il pas dans cette
maison distinguée ? Quelle n'était pas la reconnaissance du père ? Quel n'était pas l'amour des
enfans pour lui ? Ce qui ruine d'avance la
plupart des éducations, c'est que beaucoup de
parens ne veulent qu'acheter les soins d'un
précepteur, et que beaucoup de précepteurs ne
veulent que les vendre. L'éducation doit alors
subir les chances, et avoir les suites d'un mar-
ché. C'est ainsi que l'intérêt flétrit tout, et fait
méconnaître aux hommes les plus importans
devoirs.

NOTE 18, PAGE 79.

Les ordres religieux ont pour but la pratique des
conseils évangéliques, et la perfection des vertus chrétiennes. La charité, qui est la *plénitude*

de la loi, et le couronnement de toutes les autres vertus, doit donc, dans une communauté religieuse, recevoir tout son développement, et dans ses motifs, et dans le sentiment même qui la constitue, et dans ses résultats. Or les amitiés particulières seraient un obstacle à cette perfection. Dans le siècle, au milieu des frivolités et des scandales, l'amitié vertueuse réunit, soutient, fortifie les gens de bien : dans une communauté, l'amitié la plus sainte serait funeste, en diminuant la charité générale. Dans le monde, les amitiés se fondent sur les intérêts, sur les convenances, sur les sympathies, et c'est là leur plus noble motif. Que la charité chrétienne est au-dessus de ces liaisons frêles, variables, exclusives ! Celui qui aime les hommes pour le bon Dieu, les aime tous également, quels qu'ils soient, et il est disposé à faire pour chacun d'eux les plus grands sacrifices, celui même de sa vie. La richesse ne l'attache pas ; la pauvreté ne le rebute point. Les qualités physiques qui ont tant d'influence sur les hommes, et déterminent si souvent leurs prédilections, ne l'attirent ni ne le repoussent, ou du moins il ne cède pas à la sympathie ou à l'antipathie qui en résulte. Les facultés intellectuelles et morales le charment comme autant de reflets des perfections divines, mais elles n'enchaînent pas ses affections, et celui qui en est privé l'attache peut-être davantage, par la tendre pitié qu'il lui inspire. Il ne règle point ses sentimens et sa conduite à l'égard des hommes, sur leur con-

duite et leurs sentimens à son égard : s'il en est
aimé, s'il en reçoit du bien, sa reconnaissance
est vraie, profonde, surabondante, parce qu'il
voit dans son bienfaiteur l'image de Dieu souverainement bon, et dans les faveurs qu'il reçoit,
un écoulement de la bonté souveraine; et il ne
considère point les motifs plus ou moins inté-
ressés qui peuvent altérer la pureté du bienfait. D'un autre côté, l'ingratitude ne l'aigrit ni
ne le décourage, parce qu'il ne fait pas le bien
pour les avantages qui peuvent lui en revenir,
et il ne peut jamais avoir à regretter ses trésors,
parce qu'en les versant sur les hommes, c'est
dans le sein de Dieu qu'il les dépose. Les motifs humains rendent l'amitié conditionnelle,
temporaire, exclusive et bornée : au lieu que
la charité qui prend sa source dans le pur amour
de Dieu, est, comme cet amour, immense, inal-
térable, sans conditions et sans bornes. Voilà
la vraie charité chrétienne, et c'est dans les
communautés religieuses, où les grands sacrifices sont un devoir ordinaire et une pratique
de tous les jours, où l'âme est continuellement
retrempée, et prémunie contre tout ce qui tend
à affaiblir les vertus, même contre les inconvé-
niens des amitiés les plus pures, c'est là que la
charité se déploie dans toute sa grandeur, avec
tous ses charmes, et réfléchit l'image des cieux
sur cette misérable terre.

NOTE 19, PAGE 137.

Rapprochez le chapitre ixe, *le vrai patriote*, et le chapitre xxve, *sur les richesses*, et vous trouverez dans ces deux chapitres plus d'idées saines sur le vrai progrès social, que dans la foule de nos idéologues modernes. Le xviiie siècle fut un siècle de destruction ; le xixe devait être celui des utopies : on sent la nécessité de combler les gouffres creusés par le siècle précédent. Chacun prophétise et règle les destinées futures de l'humanité : c'est un déluge de systèmes. Mais tous ces systèmes formés *à priori* passent à côté de l'homme, sans le rencontrer. Réalisez aujourd'hui celle que vous voudrez de toutes ces théories, demain les passions des hommes l'auront renversée, et après bien des malheurs il faudra encore reconstruire la société sur de nouveaux frais. Ce sont les passions de l'humanité qui sont la source perpétuelle de tous ses maux. Or, les systèmes de réforme sociale qu'on proclame avec emphase déchaînent toutes ces passions : mis en œuvre, ils aggraveraient donc les maux, au lieu d'y remédier. A force d'erreurs et de déceptions, on verra peut-être enfin que la religion est la véritable science sociale ; qu'elle seule, bien comprise, remédie aux maux de l'humanité, autant qu'il est possible, et que, hors de là, il n'y a que des abîmes.

NOTE 20, PAGE 169.

Quand la raison publique fera-t-elle entière
justice du préjugé absurde, de l'aveugle fureur
du duel? Jusques à quand se croira-t-on en
droit de disposer ainsi de sa destinée et de celle
de son semblable? Comment ose-t-on parler de
civilisation, tant que la plus barbare coutume
des temps et des peuples barbares infecte les
mœurs publiques? Est-il rien de plus contraire à
l'honneur véritable que d'abandonner sa réputation aux hasards du sort, ou à l'adresse d'un
bretteur? Que fait un coup d'épée au droit et
à la justice? L'épée ne sert-elle pas l'insolence et
l'infamie autant que l'honnêteté et l'intégrité?—
Quelquefois on avoue l'horreur que doit inspirer un crime qui concentre en lui seul l'iniquité
du suicide et de l'homicide; mais on est obligé,
dit-on, sous peine de déshonneur, de courber
la tête sous le préjugé. Quelle contradiction!...
N'est-il pas un peu équivoque, l'honneur qui,
pour se conserver, a besoin du secours des
armes? Et puis le véritable honneur ne con-
siste-t-il pas à braver les préjugés plutôt qu'à
s'y soumettre? Et l'opinion des hommes qui
ont une aussi misérable idée de la grandeur
morale mérite-t-elle quelque considération?
Tout homme éclairé et honnête regardera toujours le duel comme un déshonneur, et n'aura
que de l'estime et des éloges pour celui qui,
non par couardise, mais par respect pour la di-

gnité humaine, refusera d'exposer inutilement sa vie et celle de son semblable, réparera ses torts avec noblesse, et pardonnera ceux des autres avec amour et générosité.

̣ NOTE 21, PAGE 175.

Les doctrines de l'incrédulité, semées dans les esprits depuis près d'un siècle, commencent à porter leurs fruits. Après avoir jeté le désordre dans la société, le trouble et le malheur dans les familles, les désirs effrénés et la corruption dans les individus, elles disent aujourd'hui leur dernier mot : désespoir, mort. Depuis quelque temps le suicide se multiplie avec une progression effrayante. On en cherche les causes ; on assigne, avec de pénibles efforts de raisonnement, des causes chimériques ou incomplètes, et l'on ne voit pas, ou l'on affecte de ne pas voir la cause véritable, qui est aussi patente que le soleil. Cet aveuglement n'est cependant pas général, même parmi ceux qui ne sont pas encore désabusés des fausses doctrines. Cette fureur de suicide a suggéré à quelques-uns d'utiles pensées : nous souhaitons pour eux que les frivolités du monde, et les travaux inquiets et absorbans de l'ambition et de la cupidité, ne les étouffent pas. Mais il est des esprits éclairés qui remontent à la vraie source du mal, et qui en comprennent le seul remède véritable. C'est ce que l'on voit dans l'article suivant de l'*Echo de la jeune France*.

« Le suicide est maintenant l'histoire de tous les jours. Triste et noire maladie d'une époque qui n'a ni foi ni loi, et d'une société d'où les croyances, ces grandes consolatrices des affligés, se sont retirées : le sombre génie du suicide a mis la main sur nous. Du temps de nos pères, quand on avait au cœur un de ces chagrins profonds, immenses, qui ne laissent place à aucune autre pensée; quand on sentait remuer dans son âme une mer d'amertumes, on allait demander à la mélancolie des cloîtres un asile pour sa douleur. Las des hommes et du vain bruit des destinées humaines, qui s'agitent et qui tombent en se froissant, comme les feuilles d'automne, on pouvait, quand on le voulait, se trouver seul dans le monde avec Dieu. Loin de tous les regards, on ensevelissait son âme dans quelque pieuse solitude : entre vous et les choses d'ici-bas, la religion mettait une barrière aussi puissante qu'aurait pu le faire la mort, et le voile qui cache les formidables mystères de l'éternité commençait à se lever pour vous. Courbé sous le souvenir d'une faute, ou même accablé sous le poids d'un crime, là encore vous alliez vous refaire une seconde innocence, et vous redeveniez capable d'estime pour vous-même, c'est-à-dire de vertu : car la loi humaine accable et flétrit celui qu'elle frappe; seule la loi religieuse le relève et le purifie. Alors personne ne songeait au suicide : le désespoir, l'ennui, le remords, ne devenaient point leurs propres bourreaux. La Sœur de la Miséricorde,

vivant avec sa douleur pendant un demi-siècle
de jeûnes et de veilles, priait et pleurait, dans
l'obscurité du cloître et sous les austérités du
cilice, sur les coupables grandeurs de Versailles,
èt sur les tendres erreurs de la fragile La Val-
lière. Ainsi le cœur de chacun était à l'abri de
ces transports qui précipitent l'homme dans sa
propre douleur, et la société ne voyait point
chaque jour se renouveler une de ces sanglantes tragédies qui sont une parole de malédiction
contre elle, une parole de blasphême contre
Dieu.

» Notre siècle a pour les maladies du cœur et
les chagrins de l'âme un remède plus simple et
plus court. Est-on las de vivre, on se tue ; est-
on sous l'empire d'une grande passion ou d'une
grande douleur, on se tue ; est-on honteux
d'une faute, au lieu de la pleurer et de la réparer, on se tue. Et le suicide n'est plus ce
qu'il était à l'époque de la Rome des empereurs,
sur la décadence de laquelle il se leva comme
un astre fatal. Au moins alors le mal restait
renfermé dans la tête de la société : il n'avait
point pénétré jusqu'au cœur. C'étaient quelques philosophes bien fiers de quelques pensées
bien vides, quelques hauts conspirateurs trom-
pés dans leurs projets de puissance, qui, récitant
une phrase de Platon, un vers d'Homère, et
s'ouvrant dramatiquement les veines, faisaient
des libations de leur sang à Jupiter libérateur.
Le peuple était trop modeste pour aspirer à
l'éclat de ces morts ambitieuses, trop ignorant

pour s'élever jusqu'à la hauteur de ces suicides. érudits. D'ailleurs le Christianisme commençait à réchauffer par les pieds cette société dont le stoïcisme occupait la tête. Il apprenait au vulgaire une science inconnue aux sages, la science de supporter la vie, science plus difficile et plus haute que l'art de la quitter. Appuyée sur sa puissante main, la foule ne succombait plus sous le poids de la chaleur et de la fatigue de la journée, quoique, dans ce siècle d'immenses douleurs où, des entrailles déchirées de la société antique, sortait laborieusement la société nouvelle, le poids de la journée fût bien lourd. N'importe, condamné au cirque ou à la vie, le chrétien acceptait sa destinée, sans songer à la refaire. Il souffrait, les yeux attachés sur la croix où un Dieu avait souffert pour le monde. Le Christianisme avait apporté aux hommes la grande science de l'humanité, la science de la douleur, et dans ce peuple plein de foi il n'y avait point de place pour le suicide. Immense avantage de cette société sur notre société, de cette décadence sur notre décadence, de cette agonie sur notre agonie! Aujourd'hui le suicide n'est point le triste privilège d'une secte de philosophes; il est descendu dans les entrailles de l'époque, il est tombé en démocratie, il jouit d'une effroyable popularité. Ce n'est point dans une seule classe qu'on le rencontre, c'est dans toutes les classes, moissonnant les vies les plus humbles comme les vies les plus hautes, et plaçant sa sanglante tragédie sous la mansarde du pauvre comme sous les somptueux lambris du riche : ici retranchant les derniers jours d'un vieillard, là coupant une existence encore pleine d'années, plus loin étouffant dans son germe une jeunesse à peine éclose. Le suicide, voilà le triste et dernier recours de cette époque athée contre tous les ennuis, tous les chagrins, toutes les infortunes. Commerçans imprudens ou malheureux, joueurs ruinés, jeunes gens emportés par la fougue des passions, riches las de leurs prospérités, pauvres fatigués de leur misère, il ne repousse personne ; il écrase dans sa main de fer l'âme de ceux qui invoquent sa sombre puissance... »

— FIN. —

ERRATA.

Pages 176 et 177, on a indiqué par erreur la note 1 et la note 2 comme appartenant à la page 4 : ces deux notes ont leurs renvois à la page 16.

www.ingramcontent.com/pod-product-compliance
Lightning Source LLC
Chambersburg PA
CBHW072219270326
41930CB00010B/1910